改訂版 人気大学過去問シリーズ

世界一わかりやすい
慶應の小論文
合格講座

柳生 好之

JN021647

＊この本は、小社より 2018 年に刊行された『世界一わかりやすい
慶應の小論文　合格講座』に、加筆・修正を加えて最新の入試傾
向を反映した参考書です。

はじめに

◆慶應が求める力＝「ロジカルシンキング」

日本で最も有名な私学の一つである慶應義塾大学には特徴的な理念があります。一つは「独立自尊」です。「何者にも屈せず、誰にもおごらず、慣習や常識などにとらわれず、自分の良識と信念に基づいて考えて行動する」というものです。こちらは非常に有名です。

もう一方で「実学」という理念もあります。これは世間では大きく誤解されている理念です。「実学」とは単なる実用の（役に立つ）学ではありません。「実学」のフリガナは「サイヤンス」であり、「実学」とは「問題を発見し、仮説を立てて検証し、結論を導いていく」という「実証科学」であったのです。

「独立自尊」と「実学」という二つの理念からわかるように、慶應の求める力は「常識を疑い、科学的に物事を考える」力、すなわち「ロジカルシンキング（論理的思考）」「クリティカルシンキング（批判的思考）」の力だと言えます。

◆慶應小論文＝「総合科目」

慶應小論文に必要な力は国語の力だけではありません。数学の力や地歴公民の力も必要です。一方、学校では国語科だけを見ても「現代文」「古文」「漢文」というように細分化・専門化しています。ですから、総合的な視点を養いにくく、小論文を書くのに苦労するのです。小論文を書くためには、さまざまな科目の勉強が必要だということを知りましょう。

◆慶應志望者のための慶應小論文対策

慶應受験生には国公立との併願組もいますが、慶應が第一志望という私大専願組も多いと思います。私大専願組では、数学や社会すべてを勉強している人は少ないでしょう。そんなみなさんのために本書を書きました。数学や社会をすべてやらなくても大丈夫です！　慶應小論文に必要なものだけをやりましょう！　本書には「ロジカルシンキング」をはじめとして慶應合格のために必要十分な知識が詰まっています。まさに絶対に慶應に合格したい人のための講座＝「慶應の小論文合格講座」を今、開講します!!

柳生好之

第**1**章 学部別「傾向と対策」編

第**2**章 「論理型」「データ分析型」編

第**3**章 「議論型」編

第**4**章 「問題解決型」編

小論文の基礎講義

　慶應小論文の講義を始める前に小論文の基礎について確認しておきましょう。ここで確認することはあらゆる作文、小論文試験に共通のものになります。むだな減点をされないためにも基礎をしっかり確認しましょう。

▎小論文の基礎①　「原稿用紙の使い方」▎

　小論文の原稿用紙の使い方は現代文の解答用紙の使い方とは異なる点があります。まずは原稿用紙の使い方から確認しましょう。慶應合格の道もまずは基礎からです。

Point　**原稿用紙の使い方**

・段落の冒頭は１マス空けて書き始める。

　（「カギカッコ」で始まる場合も１マス空ける）

・改行して新しい段落に入った場合も１マス空ける。

・行の一番上のマスに、。」は書かない。

　（１行前の最後のマスに文字と一緒に書く）

・横書きの原稿用紙に数字を書く場合、１マスに２つずつ数字を書く。

・アルファベットを記入する際は、大文字は１マスに１文字、小文字は１マスに２文字を書く。

・縦書きで数字を書くときは、漢数字を用いる。ただし、西暦表記は「千九百九十年」と書くのではなく、「一九九〇年」と書く。それ以外は「百二十三」のように表記する。

---

①	「	小	論	文	」	の	勉	強	を	し	な	け	れ	ば	、	慶	應	に	合
格	し	な	い	。	K	助	く	ん	は	慶	應	に	無	事	に	合	格	し	た。
③	し	た	が	っ	て	、	K	助	く	ん	は	「	小	論	文	」	の	勉	強②
を	し	た	と	い	う	こ	と	だ	。										

①段落の冒頭は１マス空けて書き始める。

②行の一番上のマスに、。」は書かない。

　（１行前の最後のマスに文字と一緒に書く）

③改行して新しい段落に入った場合も１マス空ける。

▎ 小論文の基礎② 「制限字数」 ▎

　小論文には制限字数があります。目安としては制限字数の8割以上書くようにしましょう。理想は9割以上です。反対に7割以下の場合には減点される場合もあるので、注意してください。

　字数は段落冒頭の空白や改行のときに生じる空白もカウントされます。この点は現代文の解答用紙とは異なるので注意が必要です。

> **Point　字数の目安**
>
> ・制限字数の最低8割以上書く。（目標9割以上）
> ・改行のときに生じる空白も字数としてカウントする。

▎ 小論文の基礎③ 「文体」 ▎

　文体は基本的に「だ・である」調で書きます。また、一文はなるべく短く書きましょう。文（主語 - 述語のセット）が2つで、接続助詞が1つで、50字程度を目安にしてください。接続助詞を多用して文を長く書くと構文ミス（主述の不一致・修飾関係の不明確化など）が生じやすいです。文法・構文ミスは減点の対象になるので注意しましょう。

> **Point　「文体」**
>
> ・「だ・である」調で書く。
> ・50字程度の短い文で書く。

▎ 小論文の基礎④ 「接続表現」 ▎

　小論文は50字程度の短い文で書いていくことは先程確認しました。そのような短い文と文をつなぐ際には、文と文の関係性が明確になるように「しかし」や「したがって」などの接続表現を使うようにしましょう。接続表現が用いられていない文章は読みにくいので、これもまた減点の対象になります。適切に接続表現を用いて読み手に優しい文章を書きましょう。

> **Point　「接続表現」**
>
> ・文と文の関係性を明確にするために接続表現を用いる。

第 1 章

学部別
「傾向と対策」編

文学部

出題傾向

　文学部の小論文は要約問題や説明問題(問１)と意見を述べる問題(問２)です。文章は日常的な話題から学問的な話題まで多岐にわたりますが、必ず「常識を疑う」という哲学的なものになっています。分量もかなり多いのが特徴です。

　設問に関してですが、問１は現代文の問題であり、問２がいわゆる小論文の問題です。問２は「常識を疑いつつ、他者を説得する力」が問われます。これは「議論型」と呼ばれるスタイルです。「議論型小論文」では課題文の筆者の主張に対して、「根拠」をもって自分の「意見」を述べることが求められています。

対策

　まず「現代文（評論文）読解」です。問１は現代文の問題であり、問２の意見問題も「読解」を前提としていますから、読解力を身につけることは不可欠です。拙著『柳生好之の現代文ポラリス　１・２・３』などの問題集を用いて読解トレーニングをしましょう。本文要約の練習もぜひ行ってください。

　次に議論を組み立てる際の「論理」ですが、通常は「数学Ⅰ（集合と論理）」で学びます。ただし、文学部受験者は私大専願組が多いので、ここは苦手とする分野です。ですから、本書で論理の基礎を身につけることができれば、大いに差をつけることができるでしょう。

　最後にテーマですが哲学的な文章が出題されるのですから、「歴史（近現代）」に加えて「公民（倫理分野）」はある程度知っておくほうがよいでしょう。ただし、文学部受験者は基本的に「世界史」「日本史」選択者です。ですから、軽く読み流す程度でよいので「倫理」の教科書には目を通しておきましょう。

法学部

出題傾向

　文学部と同様に長文を読ませて、課題文の筆者の主張に対して根拠をもって意見を述べる「議論型」の問題が出題されます。内容は社会科学的なものが多いですが、文学部同様哲学的なものも出題されます。

　文学部との違いは、文学部が「読解」「意見」と問いを分けて出題するのに対し、法学部は「読解」「意見」が一つの設問で問われます。そして字数は「読解」が400字で「意見」が600字という比率になっています。合計で1000字の小論文を書くという本格的な出題となっています。

対策

　「現代文読解」と「論理」が必要な点は文学部と同様です。問題集を用いて本文要約の練習を行いましょう。ただし、法学部は東京大や一橋大といった難関国立との併願組も多く、「数学」を受験科目として勉強している受験生も多いです。ですから、「論理」に関して難関国立併願組に引けを取らないようしっかり勉強する必要があります。また、1000字の長文を首尾一貫したものとして書くトレーニングが必要になってきます。

　テーマに関しては法学部だけあって「歴史（近現代）」だけでなく「公民（政治分野）」が特に重要になってきます。ですから、政治経済の「政治分野」だけでもよいので、目を通しておくとよいでしょう。

商学部

出題傾向

　慶應小論文のなかでも異彩を放つのが商学部です。一見すると「数学」のように見える問題が出題されていますから、びっくりするかもしれません。しかし、合格点を取るための勉強法は決まっていますから、恐れることはありません。

　さほど長くない文章による大問が２〜３題ほど出題され、設問は下線部説明問題や空所補充問題といった「現代文」の問題と、「数学」の問題（「四則演算」「データの分析」「確率」）が出題されます。また、記述式だけでなく記号式の問題も多く出題されるのが特徴です。

対策

　「現代文読解」と「論理」はもちろん必要です。記述式もマーク式も出題されますから、通常の現代文を解くトレーニングをしましょう。「論理」に関しては論理的思考だけでなく論理に関する知識も問われます。本書で論理の基礎知識を身につけましょう。独特なのは「算数（四則演算）」「データの分析」「確率」といった数学分野でしょう。苦手に思う人もいるかもしれませんが、「データの分析」と「確率」に絞って勉強すればよいので、分野別の参考書などで勉強しておくことが望ましいでしょう。

　また、軽い計算や因果関係の考察が含まれている「公民（経済分野）」の教科書にも目を通しておくのが望ましいでしょう。

経済学部

出題傾向

　「問題解決型」の問題を出題します。「問題解決型」とは課題文から「問題点」を発見し、「原因分析」を行い、「解決策」を考えるというスタイルの小論文です。さほど長くない文章による大問１題で、設問が２〜３題出題されます。それぞれ

の問で「原因分析」「解決策」などを論述することが求められます。他の学部に比べると文章量や記述量は少ないですが、制限時間も短いのが特徴です。

対策

「現代文読解」と「論理」はもちろん必要ですので、問題集でトレーニングしましょう。「因果関係」を説明する理由説明問題は特に重点的に行ってください。また、テーマ知識だけでなく地理的思考や経済的思考も必要になってきますので、地理の「統計」、公民の「経済分野」も勉強することが望ましいでしょう。

総合政策学部・環境情報学部（SFC）

出題傾向

慶應小論文のなかでも最も大量の資料の分析が求められます。「複数の資料」を分析して「問題解決」の糸口を見つけるという特徴があります。しかし、解答の根拠（ヒント）はほとんど資料のなかにあるので、「知識」よりも「読解力」が問われる問題となっています。テーマ知識を覚えるという従来の勉強法が最も通用しない出題をする学部だといえます。また、入学後のビジョンやビジネスリテラシーを問う問題も出題されます。

対策

他の学部と同様「現代文読解」と「論理」が重要なのですが、その比率が最も高いのが SFC です。ほとんど資料のなかに「解答（あるいはヒント）」があるため、「要約」トレーニングをするとよいでしょう。また、「複数資料」の分析が特徴ですから、同じテーマで違う著者の文章を読み、まとめるトレーニングをするのも効果的です。SFC は未知の問題を考えることを求めますから、従来の「テーマ知識」を覚えるという勉強法は全く通用しません。ただし、数学の「集合と論証」「データの分析」や「フェルミ推定」の知識くらいはあるとよいので、その分野に絞って勉強するとよいでしょう。

看護医療学部

出題傾向

　看護医療学部では、かつては現代文のような説明問題や要約問題といった「読解型」しか出題されていなかったのですが、近年は「読解型」だけでなく「議論型」の意見を問う問題が出題されています。課題文の筆者の主張を捉えて、その主張に対する意見を述べる力が求められています。文学部に似ていますが、やや易しい出題になっているところが特徴です。

対策

　今までは国公立の記述現代文の対策だけでよかったのですが、「議論型」の小論文対策をする必要があります。ただし、慶應の他の学部の問題と比較するとやや易しいため、他学部の問題を解くのはオーバーワークとなる可能性があります。余裕のある人は文学部や法学部の問題も見ておくのもよいですが、余裕のない受験生は拙著『柳生好之の小論文プラチナルール』などで、他大学の「議論型」の問題を練習しておきましょう。

第 **2** 章

「論理型」
「データ分析型」編

第1講 「論理学のルール」を身につける

　さあ、慶應小論文の講義を始めましょう。最初は「どういう小論文を書くと減点されるのか？」というポイントを扱います。小論文の採点は複数の採点官がランクをつけていくというものですが、どういうことをするとランクが下がっていくのかを知ることがまずは重要です。

Point　正しい主張

命題の真偽に注意する

　「命題」って何？　と思った人もいると思います。この講義はそういう人でもわかるように説明していきますので、安心してください。

　では、手始めに１つ例題をやってみましょう。軽い気持ちでトライしてみてください。

例題　次の小論文の点数を答えてください。　　　　（10点満点）

慶應に合格したならば、勉強したということだ。
K助くんは慶應に合格しなかった。
したがって、K助くんは勉強しなかったということになる。

　①　10点　　　②　5点　　　③　0点

　いかがでしょうか？

小論文と呼ぶには少し短いですが、採点者がどういうところを見て、どういう点数をつけるのかを学ぶには、良い題材だと思います。

　正解は③０点です。

　では、一体どこで減点されたのでしょうか？　それぞれの文を見てみましょう。

慶應に合格したならば、勉強したということだ。

　この文はどうでしょうか。日本語（文法・語法）として間違っているようには思えません。事実と合致しているかというとどうでしょう。「慶應に合格した人は、勉強した人だ」というのも間違いなさそうです。事実、勉強しなければ、慶應には合格しません。この文は「正しい」としましょう。

Ｋ助くんは慶應に合格しなかった。

　この文はどうでしょうか。これも日本語として間違っているわけではありません。「Ｋ助くん」って誰？　と思うでしょうが、事実としても「正しい」ことにしておきましょう。ですから、ここも減点されません。

したがって、Ｋ助くんは勉強しなかったということになる。

　この文はどうでしょうか。実はこの文が決定的に間違っています。日本語（文法・語法）として間違っているわけではないのですが、論理的に間違っているのです。これは論理学では有名な「前件否定の誤り」というものです。このような「論理学」のルールを知らない人が小論文を書くと、一見もっともらしいけれど採点したらものすごく点数が低いものになるのです。

小論文学習の第一歩は「論理学のルール」を学ぶことであるとまず知って
おいてください。

▎「命題の真偽」▎

　まずは「命題」を学びましょう。「命題」とは「真偽の判定が可能な文」で
す。「真偽判定」が可能であるから、「減点」ができるのです（マーク式現代
文の選択肢も命題なので真偽判定ができます）。「命題」は「AならばB」と
いう形式で典型的に表されます。「AならばB」の構造は次のようになってい
ます。

「命題（AならばB）」の構造

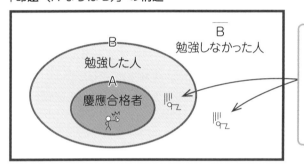

　上の図を見ると、A＝「慶應合格者」がB＝「勉強した人」のなかにすっ
ぽり収まっています。ですから、A＝「慶應合格者」はみんなB＝「勉強し
た」と言っているのです。

　そして、B＝「勉強した人」（薄いピンク）のなかにはA＝「慶應合格者
（👑）」もいますが、Aでない＝「慶應に合格しなかった人（🙇）」もいます。
つまり、「勉強した人のなかには慶應に合格していない人もいる」ということ
も言っているのです。

　だとすると、「K助くんは慶應に合格しなかった。したがって、K助くんは
勉強しなかった」と言えるでしょうか。言えませんね。なぜなら、「勉強した
人のなかには慶應に合格した人も、合格していない人もいる」と言っていた
のですから、K助くんだって勉強していたかもしれないからです。「慶應に合
格しなかった（Aでない）ならば、勉強しなかった（Bでない）ということだ」

という文は「裏命題」と言います。命題が真のときには、裏命題は必ずしも真であるとは限りません。小論文はこのように命題の真偽を判定して、点数化するのです。

　また裏命題を主張する「A ならば B。A でない。したがって、B でない。」という議論は「前件否定の誤り」と言います。

▌「必要条件と十分条件」▐

　「命題」には「必要条件」と「十分条件」があります。「A ならば B」の場合、A が B の「十分条件」、B が A の「必要条件」と言います。難しいと思う人もいるでしょうから、例文で確認してみましょう。

「慶應に合格したならば、勉強したということだ」

　この場合、慶應に合格した人は勉強したという資格が十分にあります。慶應に合格した人はみんな勉強していたのですから、A =「慶應合格者」は B =「勉強した人」の十分条件だというのです。

　では、勉強した人は慶應合格の資格が十分にあるかといえば、そうではありません。先ほども見たように勉強した人のなかには慶應に合格する人もいれば、慶應に合格しない人もいます。しかし、もし勉強しなければ必ず慶應に合格しないのですから、B =「勉強した人」は A =「慶應合格者」の必要条件だというのです。

　それでは、いよいよ慶應で出題された小論文の問題をやっていきましょう！第 1 回目は、商学部の問題です。

　一般的に慶應小論文のなかでも商学部は「異色」だと思われています。しかし、商学部の問題のなかにこそ、小論文の本質（基礎）が現れています。現時点で今回の問題が解けなくとも構いません。ここで学ぶことは小論文の最重要ポイントですから、しっかりと理解して、覚えておいてください。

以下の文章を読み、問1〜問3に答えなさい。

① あなたはある種類のガンの検査を受けた。このガンは1000人に1人しか、かからない珍しい種類のものである。この種のガンにかかっていれば、95%の割合で陽性反応をもたらし、かかっていなくても、5%の割合で陽性反応をもたらす。不幸なことに、あなたの検査結果は、陽性であった。あなたがこのガンにかかっている可能性は、どれくらいだと判断するか。

② この問題では、直観的に95%と判断されやすい。これは、「この種のガンにかかっていれば、95%の割合で陽性反応をもたらす」という情報のみに依拠する直観解である。多くの人は「このガンは1000人に1人しかかからない珍しい種類のものである」という事前確率情報を活用できていない。しかし、正しくは検査の結果、陽性と出て実際に陽性である確率＝ガンにかかっていて陽性と出る確率÷（ガンにかかっていて陽性と出る確率＋ガンにかかっていなくて陽性と出る確率）×100 ＝ 1.87%である。

③ 合法則的判断の場合には、基本的な論理や統計の知識が役に立つ。たとえば、前提情報から ［　(1)　］ 的に結論を導いたり、個別情報から ［　(2)　］ 的に一般化したりするためには、論理的な知識が必要である。また、数値情報を解釈するためには、統計的な知識が必要である。これらを正しく判断に用いるためには、情報の処理過程にどのような落とし穴が潜んでいるか、そしてどのような点に注意を払えばよいかを知っておくことが非常に役立つ。例えば、以下のような落とし穴の例が挙げられる。

・ ［　(1)　］ における誤り

① 後件肯定の誤り（［　(3)　］ を真と見なす誤り）：「後半戦で気をゆるめなければ我々はこの試合に勝つだろう。我々が勝つことは明らかだ。だから、我々は後半戦で気をゆるめないだろう。」

② 前件否定の誤り（［　(4)　］ を真と見なす誤り）：「彼が進んで証言を行えば、彼は潔白だ。彼は進んで証言を行わない。だから、彼は潔白ではない。」

- ⬚ (2) ⬚ における誤り
  ① 権威に基づく論証：「大臣がこう言っている。だから、それは正しい。」
  ② 非本質的類推に基づく論証： 「A 氏と B 氏は誕生日が同じだ。だか
    ら、性格も似ているに違いない。」

4 推論などの論理的な判断方法は論理学から、また統計的な判断方法は統計
学から、人間の判断にどのようなバイアスがかかりやすいかについては心理
学から学ぶことができる。しかしながら、論理学や統計学、心理学を教育す
る目的は、必ずしも現実場面での判断スキルを高めることに焦点化されてい
るわけではない。むしろ、学習者の日常的判断スキルの向上は、これらの学
問を学ぶことの副産物といったとらえ方の方が一般的だろう。論理学や統計
学、心理学で学んだ知識や判断スキルは、少なくともそれだけでは、現実場
面での判断には十分に転移しないようである。(ア)これは、なぜだろうか。

5 (イ)転移（正の転移）とは一般的に、ある状況で獲得された知識やスキルが、
さらに学習を必要とする別の状況での新しい課題の遂行において活用される
ことを意味する。そこから、先に経験した問題（ベース）の構造を新しい問
題（ターゲット）の構造と適切に対応づけることにより、ターゲット問題の
解決が促進されるプロセスを明らかにする研究が進んできた。ただし、表面
的には異なる 2 つの問題の間に共通構造を見出すことが転移を起こさせると
しても、サポートもなしに共通構造を発見することはそれほど期待できない。
そこで、多数の問題を学習者に経験させ、そこから共通構造を能動的に抽出
させることの効果や、ある問題の解法が別の問題のヒントになることを明確
に告げることの効果を紹介している研究者もいる。

6 論理学や統計学、心理学の知見の実生活への転移を目指すならば、知見を
そのまま教えるだけでは明らかに不十分であり、これらと現実の問題の間を
仲介させるためのサポートとなる教育が必要なのである。

（三宮真智子「情報に対する合理的判断力を育てる教育実践研究の必要性」
日本教育工学会論文誌。26、235 - 243、2002 年から随意抜粋し、文章や表記
に適宜修正を加えた。）

※論理思考問題に集中するために確率の問題はあらかじめ解答してあります。

問1 ┌─(1)─┐〜┌─(4)─┐に入る最も適当な用語を以下から選び、その選択肢の番号をマークしなさい。

1 対偶命題　　2 逆命題　　3 裏命題　　4 帰納　　5 演繹

問2 下線部（ア）の答えを25字以内で記しなさい。

問3 下線部（イ）の具体例を1つ自分で考えて、80字以内で記しなさい。
ただし、ベース問題、ターゲット問題、共通構造を明確にすること。

問1

(1)		(2)	
(3)		(4)	

問2

問3

解答・解説
商学部・2009 年

本文読解

●第1意味段落（1〜2）

　事前確率情報が与えられてもそれを活用できず、誤った確率を判断する。人間は直観的に誤った判断をする可能性がある。

●第2意味段落（3〜4）

　誤った判断に陥らず合法則的に判断するためには、論理学や統計学や心理学の知識が役に立つ。

　　↕　しかし

　論理学や統計学や心理学を教育する目的は必ずしも現実場面での判断スキルを高めることに焦点化されているわけではない。論理学や統計学や心理学で学んだ知識や判断スキルは、それだけでは現実場面での判断には十分に生かせない。

●第3意味段落（5〜6）

　ある状況で獲得された知識やスキルを、さらに学習を必要とする別の状況での新しい課題の遂行において活用する。そのためには先に経験した問題の構造と新しい問題の構造との間に共通構造を見出す必要がある。ただし、その共通構造を発見するためにはサポートをする教育が必要である。

　　↓

　論理学や統計学、心理学の知見を現実場面での判断に生かすためには、学問的知見を教えるだけでなく、学問と現実の共通構造を発見するサポートとなる教育が必要である。

議論の骨格

「筆者の主張」を捉えやすくするために、次のような議論の骨格をとりだしてみましょう。

A のためには B が必要である。
しかしながら、B だけでは十分ではない。
B かつ C が必要である。

A ＝学問の知識やスキルを現実生活に生かすこと
B ＝学問的な知識やスキルを知ること
C ＝学問と現実の共通構造を見出すサポートとなる教育をすること

設問解説

問1
（1）

本文の該当箇所を見てみましょう。

本文 ③
たとえば、前提情報から ┃ （1） ┃ 的に結論を導いたり、

前提から帰結を導くことを「演繹」と言います。小論文のなかでも最重要な概念ですから、ぜひ覚えておいてください。

Point　演繹とは
前提を認めたら、必ず帰結を認めなければならない導出

例文で確認してみましょう。

「演繹」の例文

慶應に合格したならば、勉強したということだ。
A子さんは慶應に合格した。
　↓　　したがって、（導出）
A子さんは勉強したということだ。

　最初の文はどういう「命題」だったかというと、A＝「合格した人」はみんなB＝「勉強した」と言っているのでした。そして、「A子さんは合格した」とあります。すると、A子さんはAグループのなかに入ります。すると、A子さんは必ず勉強したBグループのなかに入ります。したがって、この導出は必ず正しいと言えます。

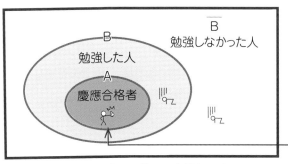

慶應に合格したA子さんは、必ず勉強したと言える。

　ということで（1）は「5　演繹」を入れます。

（2）

　（1）と同じく、該当箇所を見てみましょう。

本文3
個別情報から　（2）　的に一般化したりするためには、論理的な知識が必要である。

　個別情報から一般化することを「帰納」と言います。これも小論文のなかでは重要な概念です。ぜひ「演繹」とセットで覚えましょう。

前提を認めても、必ずしも帰結が認められるわけではない導出
（個別情報から一般化すること）

これも例文で確認しましょう。

「帰納」の例文

Ａ子さんは慶應に合格した。
Ｂ美さんは慶應に合格した。
Ａ子さんもＢ美さんも勉強していた。
　↓　したがって、（導出）
慶應に合格したならば、勉強したと言える。

　この場合前提をすべて認めても、「慶應に合格したが、勉強はしていなかったＯ次郎くん」がいたら、帰結は認められません。ですから、Ａ子さんやＢ美さんの個別情報から一般化する「帰納」を使うときは、「慶應に合格したが、勉強はしていなかったＯ次郎くん」のような反例が存在しないか十分に注意しましょう。

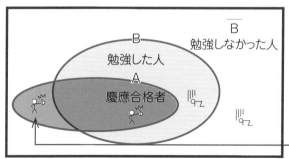

> 慶應に合格したが勉強していなかったＯ次郎くんのような反例が存在しないか注意！

　ということで（2）は「4　帰納」を入れます。

（3）（4）

　2つまとめて該当箇所を確認しましょう。

― **本文**③ ―

① 後件肯定の誤り（　（3）　を真と見なす誤り）：「後半戦で気をゆるめなければ我々はこの試合に勝つだろう。我々が勝つことは明らかだ。だから、我々は後半戦で気をゆるめないだろう。」

② 前件否定の誤り（　（4）　を真と見なす誤り）：「彼が進んで証言を行えば、彼は潔白だ。彼は進んで証言を行わない。だから、彼は潔白ではない。」

　命題には「逆・裏・対偶」という形が存在します。そして、「逆（BならばA）」「裏（AでないならばBでない）」は必ずしも真ならず、「対偶（BでないならばAでない）」は必ず真になるということを覚えておきましょう。

― **Point**　「逆」「裏」「対偶」とは ―

「命題」＝「AならばB」が真のとき

「逆」＝「BならばA」は必ずしも真ならず
「裏」＝「AでないならばBでない」は必ずしも真ならず
「対偶」＝「BでないならばAでない」は必ず真

　では、①の推論を見てみましょう。

― **本文**③ ―

<u>後半戦で気をゆるめなけ</u>れ<u>ば我々はこの試合に勝つだろう。</u>
　　　　　　A　　　　　　ならば　　　　　　　　B

<u>我々が勝つことは明らかだ。</u>
　　　　B

だから、<u>我々は後半戦で気をゆるめないだろう。</u>
したがって　　　　　　　A

　この推論は「AならばB。B。したがって、A」という形になっています。ベン図で確認してみましょう。

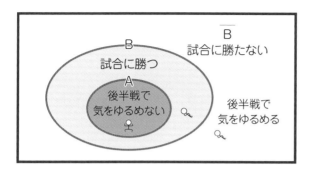

図を見てみるとB＝「試合に勝つ」のなかにはA＝「後半戦で気をゆるめない（♀）」もありますが、Aでない＝「後半戦で気をゆるめる（♀♪）」もあります。ですから、B＝「試合に勝った」からといって、A＝「後半戦で気をゆるめなかった」とは限りません。

　このように「命題」の「逆」を主張してしまう誤りは「後件肯定の誤り」と言います。小論文でこのような推論を行うと減点されますので、ぜひ覚えておいてください。

　ということで（3）には「2　逆命題」が入ります。

　次に②を見てみましょう。

本文3

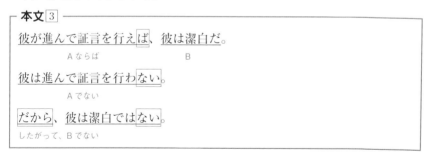

　この推論は「AならばB。Aでない。したがって、Bでない」という推論を行っています。また、ベン図で確認してみましょう。

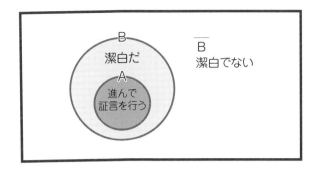

　上図を見ると、A＝「進んで証言を行う」の外にはB＝「潔白だ」もBでない＝「潔白でない」もあります。ですから、Aでない＝「進んで証言を行わない」としても、Bでない＝「潔白でない」とは限りません。B＝「潔白」かもしれませんし、Bでない＝「潔白でない」かもしれません。

　このように「命題」の「裏」を主張してしまう誤りは「前件否定の誤り」と言います。p.14の例題はこの誤りをしてしまったため、0点になるのでした。ぜひ覚えておいてください。
　ということで（4）には「3　裏命題」が入ります。

問2

　次は、「必要十分条件」を再確認しましょう。「命題」には「必要条件」と「十分条件」があります。「AならばB」のAがBの「十分条件」、BがAの「必要条件」です。

> **Point**　**「必要条件」「十分条件」とは**
>
> 　「AならばB」という命題においては
>
> 　AはBの「十分条件」
> 　BはAの「必要条件」

　例文で考えてみましょう。

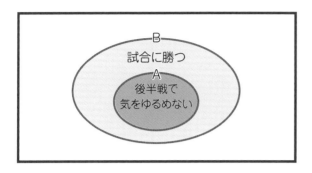

　「後半戦で気をゆるめなければ、試合に勝つ」という命題を例として考えて
いきます。まず、A＝「後半戦で気をゆるめない」のであれば、必ずB＝「試
合に勝つ」でしょう。ですからAという条件を満たせば十分Bになる資格が
あると言えるでしょう。ですから、AはBの「十分条件」と言うのです。

　一方、B＝「試合に勝つ」というのは、それを満たせば必ずA＝「後半戦
で気をゆるめない」と言えるわけではありません。B＝「試合に勝つ」こと
があってもAでない＝「後半戦で気をゆるめた」かもしれません。ですから、
BだけではAだと言うのに十分ではないのです。

　ただ、Bでない＝「試合に勝たない」ならば、必ずAでない＝「後半戦で
気をゆるめた」ということになってしまいます。A＝「後半戦で気をゆるめ
ない」と言うためにはB＝「試合に勝つ」必要があります。ですから、Bは
Aの「必要条件」と言うのです。

　そのことを踏まえて次の文を読んでみましょう。

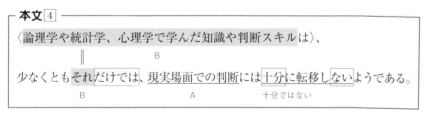

　「BだけではAにとって十分ではない」と言っています。この「十分では
ない」と言う「フレーム」に注意してください。これは「BはAにとって必要で
あるが、十分ではない」ということを言っているのです。この場合は「AにはB

だけではなく C も必要である」ということを主張するフレームですから、「B だけでなく（かつ）C」ということを主張するのだと思って次を読んでください。

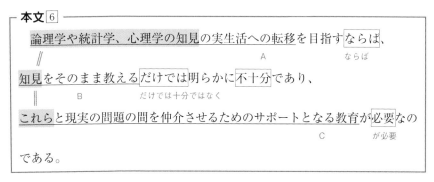

これを図に表すと下記のようになります。

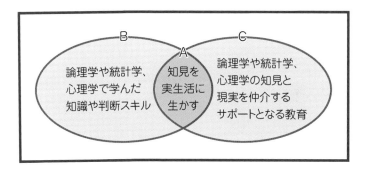

「A のためには B では不十分であり、A のためには B だけでなく C も必要である」

このように「A」と「B かつ C」が同値になります。このときに「A」にとって「B かつ C」が「必要十分条件」であると言います。

Point 必要十分条件のフレームワーク

A は B だけでは十分でない。
A は B だけではなく C も必要である。

「一般化」

あとは字数の問題です。「論理学や統計学、心理学の知見と現実を仲介するサポートとなる教育が必要だから。」とすると38字で制限字数オーバーです。このようなときに役に立つのが「一般化」です。

> **Point** 「一般化」
>
> 解答が制限字数に収まらない場合、
> 個別具体的な事柄をまとめる「一般化」をする。

今回の場合は「論理学や統計学、心理学の知見」という部分を「学問」というようにまとめることにより、字数を少なくすることができます。

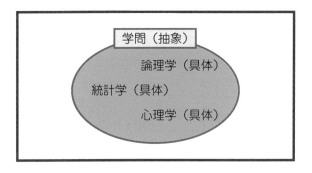

以上より、解答は「学問と現実を仲介するサポート教育が必要だから。」(23字) となります。

問3

次は「共通構造」を抽出するという考え方を学びます。これは「アナロジー」と言います。

> **Point** 「アナロジー」とは
>
> ①多数のサンプル（A）から「共通構造（X）」を抽出する。
> ②類似の未知の問題（B）に対して「共通構造（X）」をあてはめて解決する。

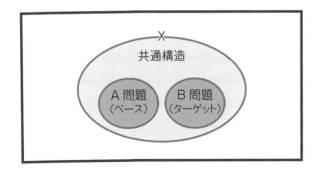

今回の文章ではどのように説明しているかを確認してみましょう。

本文 5

(イ) 転移（正の転移）とは一般的に、ある状況で獲得された知識やスキルが、
　　　　　　　　　　　　　　　　　　　　　　　　A

さらに学習を必要とする別の状況での新しい課題の遂行において
　　　　　　　　　　　　　B

活用されることを意味する。

そこから、先に経験した問題（ベース）の構造を
　　　　　　　　A

新しい問題（ターゲット）の構造と適切に対応づけることにより、
　　　　　　　B

ターゲット問題の解決が促進されるプロセスを明らかにする研究が進んで
きた。

ただし、表面的には異なる2つの問題の間に共通構造を見出すことが転移
を起こさせるとしても、　　　　　　　　　　　X
サポートもなしに共通構造を発見することはそれほど期待できない。
そこで、多数の問題を学習者に経験させ、そこから共通構造を能動的に抽
出させることの効果や、
ある問題の解法が別の問題のヒントになることを明確に告げることの効果
を紹介している研究者もいる。

以上より、

①「先に経験した問題」＝「ベース問題」から「共通構造」を抽出し
②「共通構造」をヒントに「新しい問題」＝「ターゲット問題」を解決する

というのが「転移」であるとわかります。

　あとはふさわしい具体例を挙げるとよいでしょう。

解答例
「『慶應商学部の論文テスト』を『ベース問題』として、『論理学のルール』という『共通構造』を抽出し、『慶應の他の学部の小論文』という『ターゲット問題』を解く。」（77字）

　なんと、この問題文は本講座の狙いを説明してくれていたのです。この問題が最初にきた理由がわかりましたね。慶應商学部の問題は「ベース問題」で、「論理学のルール」という「共通構造」を学んで欲しかったんです。この「論理学のルール」は慶應の他の学部の小論文だけでなく、英語や現代文やあらゆる論文テストに共通のルールです。ですから、大学入学後の実生活における「レポート」「論文」でももちろん使えます。ぜひ本書で「論理学のルール」を学び、「論文」を書ける大学生・社会人になってください。そのための「サポートとなる教育」をするのが本書の役割です。これが第1講のメッセージです。

> ### Point　講義のまとめ　「論理学のルール」を知る！
>
> 〈正しい論証〉
> 　「演繹」は正しい。
> 　「帰納」は反例が確認できないか例外として処理できる場合は正しい。
>
> 〈誤った論証〉
> 　「後件肯定の誤り」「前件否定の誤り」は減点。
> 　「帰納」は一定数の反例が確認できる場合は減点。

明確な正解ポイントがある現代文とは異なり、小論文（意見問題）は正解が１つとは限りません。複数の正解が考えられます。ですから、基本的には「減点法」で採点されます。どういうことをすると減点されるかをよく理解しておくことが、小論文学習の第一歩です。

Point　小論文の主な減点ポイント

①原稿用紙の使用法ミス

②誤字脱字（漢字ミス）

③日本語の文法・語法ミス

④「主語→述語」や「修飾→被修飾」の構文ミス

⑤「係り受け」が一義的でなく、複数の可能性がある

⑥「矛盾」がある（主張の一貫性がない）

⑦「論証」のミス（「論理学のルール」違反）

⑧「因果関係」のミス

⑨「事実誤認」

　現代文のような読解問題で稼いだポイントを失わないようにすることが、慶應小論文では重要になってきます。

　ただし、「思想・信条」によって減点されるということはありません。憲法によって「思想の自由」が保障されていますから、そんなことをしたら憲法違反です。小論文は純粋に「読み書き」する力が問われているのだと思ってください。

「因果関係」を捉える

減点されない小論文の条件

　今回までが入門編です。前講は「論証」の正しさを検証しました。本講は「因果関係」の正しさを検証しましょう。課題文においても、みなさんの小論文においても、誤った「因果関係」を主張しているものは意外に多いのです。課題文の主張を的確に批判するためにも、また、減点されない小論文を書くためにも「因果関係」をしっかりと勉強しましょう。

Point 因果関係を捉える
①相関関係と因果関係の違い
②因果関係を疑う

　「因果関係」って何？　「相関関係」と違うの？　と思った人もいると思います。まずは、そういう人にわかってもらうための説明をします。

　では、また1つ例題をやってみましょう。軽い気持ちでトライしてみてください。

例題 次の小論文の点数を答えてください。　　　　　　　　（10点満点）

　年収が高い家庭の子どもほど、慶應の合格率が高い。
　K助くんの両親はK助くんを慶應に合格させたい。
　したがって、K助くんを慶應に合格させるために、
　K助くんの両親は頑張って年収を上げるべきだ。

　①　10点　　②　5点　　③　0点

いかがでしょうか？

今回はかなりわかりやすいかもしれませんね。
　正解はやっぱり③0点です。

　では、一体どこで減点されたのでしょうか?

年収が高い家庭の子どもほど、慶應の合格率が高い。

　この文はどうでしょうか。年収を(X)とおいて慶應の合格率を(Y)とおいた場合に、次のようなデータがあれば、問題ありません。

　このグラフは「散布図」と言います。統計やデータ分析で用いるグラフなのですが、このような右肩上がりのデータは「正の相関」があると言います。「正の相関」とは、「一方が増えると、もう一方も増える傾向がある関係」のことです。

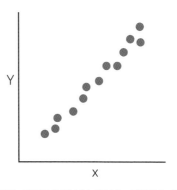

　今回はこのデータがあるとして、「年収が高い家庭の子どもほど、慶應の合格率が高い」という文は正しいということにしておきましょう。

K助くんの両親はK助くんを慶應に合格させたい。

　この文はどうでしょうか。これもK助くんの両親の思いですから、点数を引くことはできません。また、日本語の文法・語法としても不適切な点はありません。

したがって、K助くんを慶應に合格させるために、
K助くんの両親は頑張って年収を上げるべきだ。

この文はどうでしょうか。実はこの文が決定的に間違っています。この文もまた、日本語（文法・語法）としては間違っているわけではないのですが、論理的に間違っているのです。

　これは「因果関係の誤り」というものです。

　現代社会には（一般の家庭でも）さまざまな問題があります。小論文はそのような問題を論理的に解決する力があるのかどうかを試す試験です。

　K助くんの家庭の場合には「K助くんの大学受験」という問題があります。そして、「慶應合格」の原因を「両親の年収」と分析してしまったのですが、これが大きな間違いです。「両親の年収」と「慶應合格率」には「相関関係」はありますが、「因果関係」は確認されていません。両親の年収が高ければ予備校に通わせたり、よりよい学習環境を用意してあげられますが、だからといって必ず慶應に合格させられるとは限りませんよね。「原因分析」を間違えると誤った「解決策」が出てきてしまうのです。

┨ 問題解決のフレームワーク ┠

　このような間違いを犯さず、論理的に「問題解決」をするために覚えておかないといけないのが「問題解決のフレームワーク」です。あわせて「相関関係」と「因果関係」の違いを知りましょう。

> **Point　問題解決のフレームワーク**
>
> ① 「問題発見」＝「理想と現状との差」を知る
> ② 「原因分析」＝なぜその「問題」が生じているのか、「原因」を分析する
> ③ 「解決策」　＝「問題」の「原因」を取り除く方法を考える

　「問題解決」型の小論文を解くためにはまずこのフレームを知らなければいけません。そして、「原因分析」の精度が「解決策」の妥当性を決めますから、しっかりと「因果関係」を分析できるようになりましょう。

　それでは、実際の問題をやっていきましょう！　今回も商学部の問題です。

以下の文章を読んで、次の問1〜問4に答えなさい。

1 　一般には次の三つの主要な規準が満たされて初めて、ある出来事が別の出来事の原因である、つまり両者に因果関係があると判断できる。それは、①出来事の共変、②時間的順序関係、③もっともらしい他の原因の排除、の三つである。これら三つの規準のすべてが満たされていることを証明しない限り、因果関係を確定することはできない。しかし、多くの場合、人々はこれら三つの規準について十分に考慮しないままに原因の推測を行っているのである。

2 　共変の原則とは、出来事Xが出来事Yの原因であるならば、出来事Xと出来事Yは一緒に（共に）変化しなければならないということである。つまり一方の観測値なり、得点なり、状態なりが変われば、他方も変わらなければならない。このような二つの関連した変化は「共変」しているともいうし、科学的な用語では「相関している」と表現する。この相関関係にある二つの観測値は、必ず共に変化しているが、その変化の方向性はどちら向きでもよい。つまり片方の状態が上昇したのに対し、もう片方は上昇することもあるし、逆に下降することもあるということである。試験勉強にかける時間を多くすれば、おそらく共変して試験での正答数は上昇するだろう。また、多く勉強すればするほど、共変して解答に要する時間は短くなるだろう。いずれも相関関係であって、重要なのは一方が変化する時に、他方も変化するという点である。

3 　二つの出来事の間の共変のありようは、統計的に測定して表現することが可能である。こうして数値的に測定・表現された共変を特に相関と呼ぶ。相関を表現するためには、相関の「強さ」と「方向」の二つを考えなければならない。相関の強さとは、Xがどれくらい変化したかを知ることで、どれくらいYの変化を正しく予測できるのか、その程度を表現したものと考えてよい。関係が強いほど、片方の変化からもう一方の変化の予測可能性が高くなるのだ。次に相関の方向について説明しよう。二つの測定値があった時、一

方の値が高くなると他方の値も高くなり、逆に一方が低ければ他方も低いような場合、その両者の関係の方向は「正」であると表現する。それに対して、両者の関係が方向的に逆の場合には「負」と表現する。

④　因果関係を証明するための第二の規準である時間的順序関係とは、もしＸがＹの原因であるならば、ＸがＹより時間的に先に起こっていなければならないという、一見すると極めて単純な規準である。この考え方はあたりまえといえばあたりまえなので、異論の入り込む余地などないように思えるが、実はそうではない。時間的順序関係が見た目ほど単純でないケースもあるのだ。仮にしつけの方法と子どもの性格に関する次のような心理学の研究が発表されたとして考えてみよう。この研究では、「体罰などの厳しいしつけを行う親に育てられた子どもは、体罰を用いない親に育てられた子どもに比べて、性格的により攻撃的な傾向がみられる」という結果が示されている。あなたはおそらく時間的順序関係の原則から、①体罰が用いられ→②その結果子どもが攻撃的な性格に育ってしまった、と考えるだろう。体罰を用いるしつけと子どもの攻撃性は共変しているし、時間的には明らかにしつけが前なのだから、因果関係の立証に必要な規準のうち、共変と時間的順序関係の二つは満たされているようにみえる。

⑤　しかし、このケースでは共変は確かであっても、時間的順序関係については別の可能性もあるのではないだろうか。たとえば、子どもの攻撃性が生まれつき異なっていて、攻撃性が強くて言うことを聞かない子どもを育てる親は、ついつい厳しいしつけ態度をもつようになり、時には体罰にさえ訴えるようになったと解釈することも可能なのである。もちろん、絶対にこちらの解釈の方が正しいといっているわけではない。ただ、可能性として、攻撃性の方がしつけよりも時間的に先行して生じていたことも考えられるということだ。このように複雑な事態では時間的順序関係は、必ずしも一見した通りとは限らないのである。このような順序関係が混乱してしまう話として「ニワトリが先か、卵が先か」というおなじみの問題をあなたも知っているであろう。われわれが因果関係を推論するときには、出来事Ｘが出来事Ｙよりも本当に時間的に先行しているのか、逆の可能性はないのか、といった点を論理的に考えてみなければならない。

⑥　因果関係を立証するための第三の規準であるもっともらしい他の原因の排除は、前の二つの規準に比べて、最も確認が困難な規準である。この規準は、

出来事 X が Y の原因と考えられ、さらにこの出来事 X 以外に Y を「合理的に」説明できるものが何も存在しない時にのみ、X が Y の原因であると認められるというものである。これは第三変数の問題とも呼ばれ、因果関係を考える上で最もクリティカルな思考力が必要とされる問題である。

[7]　二つの出来事 X と Y に共変関係がある時、われわれはとかく目の前の状況にのみ注目して、X と Y の間でだけで因果関係を判断してしまいがちである。しかし、(a) 実際には背後に隠れている第三の変数 Z が X と Y の両方の原因として関係している場合もよくあるのだ。

[8]　第三変数を考慮することによって、因果関係が理解しやすくなる場合もあるが、一方で単純に見えていた因果関係が非常に複雑になってくる場合もある。その例として、かつて行われた「喫煙は有害かどうか」に関する議論を取り上げてみよう。長年にわたり多くの人が、喫煙は呼吸器系の病気や障害の原因になることを主張してきた。事実、タバコを吸う人は吸わない人に比べて呼吸器の問題をかかえるようになる傾向が大きい。つまり、喫煙と病気の間に共変が存在することはわかっていた。さらに、われわれの知る限りでは、病気が喫煙より先に起こると論じた者は一人もいない。ということは、因果関係を立証するための二つの規準、つまり共変と時間順序が証明されているように見える。よってタバコは病気の原因であると主張されるようになったのだ。

[9]　しかしタバコ産業の関係者がこれに異議を唱えた。彼らは、これらの証拠は必ずしも喫煙が健康を害する原因であることを意味しないと主張した。なぜなら第三の変数、すなわち喫煙と病気の双方を引き起こすような他の原因が他に考えられるからだという。要するに因果関係を証明する第三の規準が満たされないのだ。彼らがその要因の一つとして可能性を指摘したのがストレスである。ストレスが多い人は病気になりやすく、また同時に、ストレスが多い人は喫煙量が多くなるということは十分に考えられる。もしそうなら、喫煙と病気の間の因果関係と見えていたものは、実際には第三の要因であるストレスと他の二つの要因を巻き込んだ因果関係ということになる。

[10]　喫煙と病気の問題に関しては長い間さまざまな議論が行われてきたが、そこで検討された喫煙の危険性を示す証拠は、この第三変数の可能性が排除されていないものがほとんどであった。このような証拠に立脚している限り、(b) たとえ喫煙と病気の共変関係が立証されたとしても、それだけで完璧な因

果関係を主張するには不十分なのである。繰り返すが、共変は必ずしも因果関係を意味しないのだ。

（E.B. ゼックミスタ、J.E. ジョンソン著『クリティカルシンキング《入門篇》』宮元博章、道田泰司、谷口高士、菊池聡訳、北大路書房、1996。文章を一部改変してある。）

問1　（ア）～（エ）の図は共変関係を表している。それぞれの図を説明するものとして、次の選択肢の中から最も適切なものを選びなさい。なお、同じ選択肢は2回以上使わないこと。

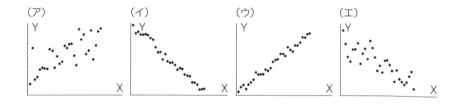

1　強い正の相関　　　2　弱い正の相関　　　3　強い負の相関
4　弱い負の相関　　　5　XはYの強い正の原因
6　XはYの弱い正の原因　　　7　XはYの強い負の原因
8　XはYの弱い負の原因

問2　本文中の下線部（a）にある、第三の変数を考慮した因果関係の説明として最も適切なものを次の選択肢から選びなさい。
1　子どもが暴力的なテレビ番組をみたため攻撃的な性格になるという説があるが、攻撃的な性格であるため子どもが暴力的な番組を好んでみるという説明もできる。
2　忘れ物の多い人は試験の成績も悪い傾向にあるが、これは不注意な性格が原因だと考えられる。
3　喫煙は、喫煙者本人のみならず、周囲の非喫煙者への悪影響が問題である。
4　相関関係があるとされている事例には、観察者の思い込みによる相

関の錯覚にすぎないものがある。

問3　社交性と友達のできやすさには相関があるとする。このとき、これ
　　ら二つの事項間の因果関係として、「社交性がないため、友達ができに
　　くい」という説明が考えられる。これに対し、時間的順序関係の点に
　　注目した別の因果関係を考え、25字以内で書きなさい。

問4　本文中の下線部（b）について、喫煙が病気の原因であることを主張
　　するには、共変関係以外に何を立証する必要があるか。著者の考えに
　　沿って40字以内で書きなさい。

※論理思考問題に集中するため、穴埋め問題はあらかじめ解答してあります。

問1

（ア）		（イ）	
（ウ）		（エ）	

問2

問3

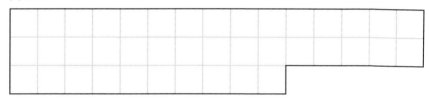

問4

本文読解

●第1意味段落（ 1 ）

　ある出来事と別の出来事に因果関係があると判断するための基準は3つある。1つ目は出来事の共変、2つ目は時間的順序関係、3つ目はもっともらしい他の原因の排除である。

●第2意味段落（ 2 〜 3 ）

　「共変の原則」とは、出来事Xが出来事Yの原因であるならば、出来事Xと出来事Yは一緒に（共に）変化しなければならないということである。共変のありようは統計的に測定して表現することが可能である。こうして数値的に測定・表現された共変を特に相関と呼ぶ。

●第3意味段落（ 4 〜 5 ）

　「時間的順序関係」とは、もしXがYの原因であるならば、XがYより時間的に先に起こっていなければならないという規準である。これは一見単純なようで実は複雑な場合もある。順序が逆の可能性はないのかといった点を考えてみなければならない。

●第4意味段落（ 6 〜 10 ）

　「もっともらしい他の原因の排除」とは、XがYの原因と考えられ、さらにX以外にYを合理的に説明できるものが何も存在しないときにのみ、XがYの原因と認められるというものである。

　喫煙と呼吸器の病気の間に共変が確認され、かつ時間的順序関係が立証されたにもかかわらず、ストレスという第三の要因が指摘されたことで、喫煙と病気の因果関係は立証されなかった。

議論の骨格

「筆者の主張」を捉えやすくするために、次のような議論の骨格をとりだしてみましょう。

A のためには B かつ C かつ D が必要である。（主張）
もし B があっても、C がないならば、A ではない。（根拠）
もし B があっても、D がないならば、A ではない。（根拠）

A ＝因果関係
B ＝共変関係（相関関係）
C ＝時間的順序関係
D ＝もっともらしい他の原因の排除

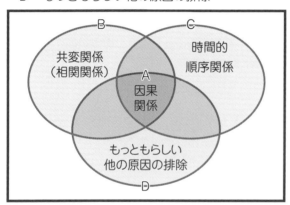

設問解説

問1

「散布図」の名前を問う問題です。これは「データ分析」の知識の問題ですから、ぜひ覚えておいてください。今回は本文の記述から正解を出すことができますから、本文分析から行っていきましょう。

┌ **本文** 3 ─────────────────
　二つの出来事の間の共変のありようは、統計的に測定して表現すること

が可能である。こうして数値的に測定・表現された共変を特に相関と呼ぶ。相関を表現するためには、相関の「強さ」と「方向」の二つを考えなければならない。相関の強さとは、Xがどれくらい変化したかを知ることで、どれくらいYの変化を正しく予測できるのか、その程度を表現したものと考えてよい。関係が強いほど、片方の変化からもう一方の変化の予測可能性が高くなるのだ。次に相関の方向について説明しよう。二つの測定値があった時、一方の値が高くなると他方の値も高くなり、逆に一方が低ければ他方も低いような場合、その両者の関係の方向は「正」であると表現する。それに対して、両者の関係が方向的に逆の場合には「負」と表現する。

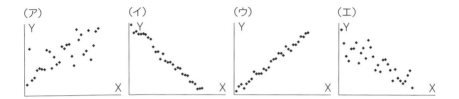

（ア）　　　　　　（イ）　　　　　　（ウ）　　　　　　（エ）

　では（ウ）から見てみましょう。Xの値が増えると、Yの値が増えていますから「正」です。そして、データが密集して（細い線のようになって）おり、片方の変化からもう一方の変化の予測可能性は高いので、「強い」です。したがって「1　強い正の相関」があると言えます。

　次は（ア）を見てみましょう。これもXの値が増えると、Yの値が増えていますから、「正」です。ただし、データは（ウ）と比べると分散しており、片方の変化からもう一方の変化の予測可能性が比較的低いので「弱い」です。この場合は、「2　弱い正の相関」があると言います。

　今度は（イ）を見てみましょう。こちらはXの値が増えると、Yの値が減っていますから「負」です。そして、データが密集して（細い線のようになって）おり、片方の変化からもう一方の変化の予測可能性は高いので、「強い」です。この場合は、「3　強い負の相関」があると言います。

　最後に（エ）を見てみましょう。こちらもXの値が増えると、Yの値が減っ

ていますから「負」です。そして、データは（イ）と比べると分散しており、片方の変化からもう一方の変化の予測可能性が比較的低いので「弱い」です。この場合は、「4　弱い負の相関」があると言います。

問2

まず「第三の変数Ｚ」とは何かをしっかりと本文で分析しましょう。

─ **本文** 7 ～ 9 ─

　二つの出来事ＸとＹに共変関係がある時、われわれはとかく目の前の状況にのみ注目して、ＸとＹの間でだけで因果関係を判断してしまいがちである。しかし、〈実際には背後に隠れている第三の変数Ｚが〉ＸとＹの両方の原因として関係している場合もよくあるのだ。

　第三変数を考慮することによって、因果関係が理解しやすくなる場合もあるが、一方で単純に見えていた因果関係が非常に複雑になってくる場合もある。その例として、かつて行われた「喫煙は有害かどうか」に関する議論を取り上げてみよう。長年にわたり多くの人が、喫煙は呼吸器系の病気や障害の原因になることを主張してきた。事実、タバコを吸う人は吸わない人に比べて呼吸器の問題をかかえるようになる傾向が大きい。つまり、喫煙と病気の間に共変が存在することはわかっていた。さらに、われわれの知る限りでは、病気が喫煙より先に起こると論じた者は一人もいない。ということは、因果関係を立証するための二つの規準、つまり共変と時間順序が証明されているように見える。よってタバコは病気の原因であると主張されるようになったのだ。

　しかしタバコ産業の関係者がこれに異議を唱えた。彼らは、これらの証拠は必ずしも喫煙が健康を害する原因であることを意味しないと主張した。なぜなら第三の変数、すなわち喫煙と病気の双方を引き起こすような他の原因が他に考えられるからだという。要するに因果関係を証明する第三の規準が満たされないのだ。彼らがその要因の一つとして可能性を指摘したのがストレスである。ストレスが多い人は病気になりやすく、また同時に、ストレスが多い人は喫煙量が多くなるということは十分に考えられる。もしそうなら、喫煙と病気の間の因果関係と見えていたものは、実際には第三の要因であるストレスと他の二つの要因を巻き込んだ因果関係ということになる。

本文を分析すると「第三の変数Z」はXとYに対する原因であり、「Yの原因がXだとは限らない。Zの可能性もある」という議論を引き起こすものです。この点から選択肢を分析すると、正解は「2　忘れ物の多い人は試験の成績も悪い傾向にあるが、これは不注意な性格が原因だと考えられる。」となります。「忘れ物が多い（X）」と「試験の成績が悪い（Y）」の間に一見因果関係がありそうですが、「不注意な性格（Z）」を考えると、「不注意な性格（Z）」だから、「忘れ物が多い（X）」と同時に「試験の成績が悪い（Y）」とも考えられます。

　「1　子どもが暴力的なテレビ番組をみたため攻撃的な性格になるという説があるが、攻撃的な性格であるため子どもが暴力的な番組を好んでみるという説明もできる。」は第二の規準である「時間的順序関係」の逆転の例です。
　「3　喫煙は、喫煙者本人のみならず、周囲の非喫煙者への悪影響が問題である。」の「周囲の非喫煙者」は「病気（Y）」の原因ではありませんから、「第三の変数Z」の例としてふさわしくありません。
　「4　相関関係があるとされている事例には、観察者の思い込みによる相関の錯覚にすぎないものがある。」の「相関関係」は今問われている「因果関係」ではありません。

問3

　設問を分析すると、次のようになります。

　これを「時間的順序関係」の点に注目した別の因果関係にすると、

「友達が少ない」　から　「社交性が身につかない」
　　　Ｂ　　　　だから　　　　Ａ

という関係にするとよいでしょう。

解答例は「友達と接する事が少ないため、社交性が身につかない。」（25字）

です。ポイントは、社交性が最初からあるものではなく、何によって身につくのかを考えることです。

問4

喫煙（X）が病気（Y）の原因であることを主張するためには

① XとYの共変関係（XとYの相関関係）
② XとYの時間的順序関係（Xが先でYがあと）
③ もっともらしい他の原因（Z）の排除

が必要です。

今回は「①共変関係」以外に何が必要かが問われているので、②と③を説明するとよいでしょう。

解答例は「病気によって喫煙する可能性と、喫煙と病気の双方を引き起こす他の原因がないこと。」（39字）です。読点（、）の前が②、あとが③の説明になっています。

実は、この問題文は「問題解決」に必要な「原因分析」の方法を教えてくれるものだったのです。問題解決型の小論文の場合、減点される一番大きなポイントが「誤った因果関係」に基づいて「解決策」を考えてしまうことです。ですから、複数の資料やデータから「因果関係」を捉えるとき、きちんと因果関係の条件を満たしているかどうかを考えるようにしてください。

> **Point** 「因果関係（XだからY）」の条件
>
> ①XとYの共変関係（XとYの相関関係）
> ②XとYの時間的順序関係（Xが先でYがあと）
> ③もっともらしい他の原因の排除

2つの事象（XとY）に「因果関係」があると思ったら、ぜひ「本当に因果関係があるのかな」と批判的に考えるようにしてみてください。それが「実証科学」の第一歩です。

第 **3** 章

「議論型」編

第3講 「議論」を読む

▌「主張」とは何か ▌

　ではいよいよ「議論型」編に突入します。早速ですが質問です。みなさん、「議論」をするうえで最も重要なことはなんだと思いますか？

　それは「相手に対するリスペクト」です。相手の話も聞かないで自分の言いたいことばかりを言う人や、相手から何を言われても絶対に自説を曲げない人と話す気にはならないと思います。大学の教官も同じです。みなさんが大学での議論に参加することができるのか、そこを問いたいのです。ですから、「議論型」小論文の勉強は相手の「主張」を正しく捉えることから始めます。

> **Point　課題文の読み方**
> ①筆者の「主張」を捉える
> ②筆者の「主張」の「根拠」を捉える

　よく現代文や小論文の授業や参考書で「筆者の主張を捉えましょう」と言われますが、「主張」ってなんなのでしょうか？「イイタイコト」「大事ナコト」などさまざまな言われ方がされています。小学校や中学校まではそう説明するしかなかったのです。しかし、高校生は次のように捉えてください。「主張とは命題である」と。「命題」を習うのが高校生になってからなので、小中学校の先生は「イイタイコト」「大事ナコト」と言うしかなかったのです。

▌条件法のフレームワーク ▌

　「命題」は第1講で説明したように「A ならば B」という形式で典型的に表現されます。しかし、実際の文章では「A ならば B」という形で出てくることは稀で、変形されて出てきます。ここが人工言語である数学と自然言語で

ある日本語で異なる点です。ということで、命題の変形を捉えるために「条件法のフレームワーク」を覚えておきましょう。

Point **条件法のフレームワーク**

① A は B である。（A ならば B）
② A の前提（条件、基本、本質）は B である。
③ A は常に（必ず）B である。
④ すべての A は B である。
⑤ A のためには B である必要がある。（でなければならない）
⑥ B でないならば（でない限り）A でない。
⑦ B 以外には A はない。
⑧ B のときのみ（だけ、に限り）A である。
⑨ B のときしか A でない。
⑩ B してはじめて（してこそ）A である。

　A は B の十分条件、B は A の必要条件を表します。このような構文（フレームワーク）があったら、「命題（A ならば B）」が隠されていると考えてください。

　特に対偶形「B でないならば A でない」には注意しましょう。「ならば」の前の B が A の必要条件になります。

　では、例題を見てみましょう。

例題 次の文を「A ならば B」の形に改めよ。

① 慶應以外は大学じゃない。
② 勉強しなかったら、合格しないよ。
③ 小論文を書くためには、論理の勉強が必要である。

---

　①は「慶應でないならば、大学ではない」に改めることができます。これを対偶（第1講参照）にして「命題」の形にすると「大学であるならば慶應である」となります。他大生から石を投げられそうな例文ですね。

　②は「勉強しないならば合格しない」に改めることができます。これも対

偶にして「命題」の形にすると「合格したならば勉強したといえる」となります（実際の文にするときには時間的順序にも気をつけましょう。「合格するならば勉強する」と言ったのでは順序がおかしくなり、元の文の意味が伝わりません）。

③は「AのためにBする必要がある」というフレームが見えれば「小論文を書いたならば、論理の勉強をしたといえる」となります（これも「小論文を書くならば、論理の勉強をする」では順序がおかしくなるので注意しましょう）。

このように「隠れた命題」を捉えることができるようになると、「筆者の主張」が読めるようになります。

▐ 「根拠」とは何か ▐

筆者の主張には「飛躍」があります。例えば、「慶應に合格するのは、簡単だ」と僕が言ったらみなさんどう思うでしょうか？ 「そんなバカな!?」と思うはずです。筆者は往々にしてこのような飛躍した主張をします。「慶應はムズカシイ」というキャッチコピーの本があっても「そんなの知ってるよ」と思って手に取りませんね。ところが、「慶應なんて、簡単だ」というキャッチコピーがついている本があったら、気になりますよね。そして、手に取るはずです。ものを書く人間は読者に手に取ってもらいたい、読んでもらいたいと思っているので、そのような飛躍したことを言うのです。このような飛躍を本書では「A→X（AならばX）」と表現します。

Point 「飛躍」とは

筆者の主張（命題）には「飛躍」がある。
「飛躍」＝「前提（A）→帰結（X）」

飛躍した主張の例文
　慶應なんて、簡単だ。
　　A　　→　　X

しかし、「飛躍」した主張をしたからには、その「飛躍（A→X）」を埋め

る必要があります。例えば僕が「慶應なんて、簡単だ」と本に書いて、それ以外書いてなかったら、みなさんは「ちゃんと説明してくれ」と思うはずです。ですから、筆者は「飛躍を埋める説明（Ａの説明）」をするのです。その説明が「論証」で、主張の「根拠」になります。

Point 「根拠」とは

飛躍した主張の「飛躍を埋める説明（Ａの説明）」のこと。

では例題で確認してみましょう。

例題 「慶應なんて、簡単だ」を論証している文を選べ。

① 慶應入試の出題科目は英語、小論文、社会しかない。
② 慶應は福澤諭吉がつくった学校だ。
③ 簡単というのは、手数がかからないという意味だ。

正解は「① 慶應入試の出題科目は英語、小論文、社会しかない。」です。「慶應なんて、簡単だ」という文に飛躍があることは先ほど確認しましたが、みなさんが説明して欲しいのは「慶應」のはずです。「慶應の入試がどうなっているのか」「慶應の合格の条件は何か」など「慶應」の説明が聞きたいのです。ですから、「慶應」の説明で、「簡単」につながる説明である①が正解になります。

③のように「簡単」の説明をしている文は「論証」にはなりません。

また、「慶應」の説明をしていたとしても「簡単だ」につながらないようなものはダメです。ですから、②も正解にはなりません。「命題」の飛躍を埋める説明が「論証」であることを確認してください。

このような考え方を用いて、課題文要約や説明問題では筆者の「主張」とその「根拠」を捉えるようにしましょう。

では実際に出題された問題を使って課題文の「主張」と「根拠」を捉えてみましょう。今回は看護医療学部の問題です。

看護医療学部・2018 年

　次の文章は、宮下直著『生物多様性のしくみを解く』からの抜粋です。文章を読んで、以下の設問に答えなさい。

　問題　下線部の「場の多様性」がもつ恩恵をうまく引き出すために、どのような人間の考え方が必要なのか、600字以内で説明しなさい。

① 　生態系は、生物を育む「場」となっている。だから、「生物多様性」の階層の一つとして、遺伝子や種とならんで生態系がとりあげられ、それぞれの多様性の保全が重要視されている。遺伝子は生命現象の根幹をなす物質であり、新たな種を生み出す源であるから、その多様性の維持が重要であることは想像に難くない。だが、「生態系の多様性」はすこし漠然としている。

② 　自然界にはさまざまな生態系があり、それら個々が重要であることはいまさら強調するまでもない。それもあってか、ほとんどの教科書や解説書でも、種や遺伝子の多様性に比べ、生態系の多様性についての記述はあまり歯切れがよくない。異なる生態系には、別の生物が暮らしている、という自明の理を超えた説明がほしい。

③ 　日本の里山は、私たちが遠い祖先から受け継ぎ、長年にわたって維持・管理されてきた自然である。雑木林、水田、草原、河川などのいくつもの生態系から構成されているのは周知のとおりである。里山はよく生物の多様性が高いと言われているが、その理由は二つ挙げられる。一つは、個々の生態系には別の生物種がいるので、トータルとして種数が多くなるという、いわば自明の効果である。もう一つは、複数の生態系がないと暮らしていけない生物が数多く棲みついているからである。

④ 　トンボやカエルは、幼虫や幼生の時期にそれぞれヤゴ、オタマジャクシという愛称でよばれ、田んぼや池で暮らしているが、成虫や成体になると、水辺を離れた森林や草地で暮らす種が多い。アカガエルは、オタマジャクシからカエルに変態して上陸した後、近くの雑木林で何年かすごし、産卵のため水田に戻ってくる。

5　トキは、カエルやドジョウを食べるために水田を使うが、時期によっては昆虫やミミズを食べるために草地を利用する。タカの一種のサシバも、春には水田で盛んにカエルを食べるが、夏になってカエルが減ると雑木林で大型のガの幼虫や甲虫を食べるようになる。

6　これらの生物は、水田が広大に広がった地域や、その逆に森林ばかりが広がった地域では生活することはできない。里山には、生態系の「単品」ではなく、何種類かの「セット」が揃っているので、複数の生態系を不可欠とする生物が、数多く棲めるのである。

7　生態系のセットは、農作物の生産にも役立っている。日本人が好んで食べるソバは、米や麦など他の穀類とは違い、種子が実るにはハチによる受粉が必須である（ちなみに、イネや麦の花粉は風で運ばれる）。茨城県北部で行われた調査によれば、周辺が森や草地に囲まれたソバ畑では、花に訪れる昆虫類の数が多く、ソバの実りもよいらしい。

8　花に訪れる昆虫は、もともとソバ畑に棲んでいるわけではなく、付近の森林や草地を生活の場にしているからである。もし欲張って広大なソバ畑を作ったとしても、花粉を運ぶ昆虫が減ってしまうので、ソバの収量は期待ほど上がらないに違いない。昔から日本人が営んできた農業は、「場の多様性」がもつ潜在力を上手に引き出してきたと言えよう。

9　場の多様性は、害虫の被害を減らす役割もある。ドイツ北部のアブラナ畑での調査によると、草地や森林に囲まれた畑ほど、害虫によるアブラナ種子の食害が少ないことがわかった。害虫の天敵である寄生蜂が、草地や森林の近くに多いからである。

10　もし欲張って広大なアブラナ畑を作ると、害虫の被害は激増するかもしれない。その対策で、害虫を撃退するための農薬をたくさん撒くことになるだろうが、コストがかかるうえ、環境への悪影響も懸念される。やはり、「場の多様性」がもつ恩恵をうまく引き出すほうが賢明な選択だろう。

11　一口に森林といってもさまざまなタイプがある。広葉樹林や針葉樹林といった区分はもとより、同じタイプの針葉樹林でも、樹高が人の背丈ほどの若い林もあれば、百年以上を経過した老齢林もある。こうした生態系のなかの異質性も、場の多様性に含めてよい。

12　山でよく目にするスギやヒノキの造林地は、ほとんどが同時期に植えた木の集合体、すなわち一斉林である。遠目からは美しいかもしれないし、人間が管理するうえでは効率的かもしれない。だが、記録的な大雨が降ると、運命共同体のように一斉に土砂崩れが起こることがある。一斉林では、どの木も根の深さが同じなので、表面が一気にめくれるように崩れ去るのだ。

13　北アメリカで森林火災が大規模化する原因も、同じようなしくみが関与している。山火事は日本のような湿潤な気候下ではたいした問題にならないが、世界的には洪水や台風とならぶ自然の脅威である。山火事が繰り返し起こる地域では、林の年齢の異なったモザイク状の森林が、数千年以上の長い歴史をとおして維持されてきた。このモザイク性は、ときどき起こる小規模な山火事がつくりだした、「場の多様性」である。

14　山火事は、老齢林で広がることが多い。老齢林の下層には、大量の落ち葉や枯れ枝、倒木があり、それが火災に燃料を提供するからである。いっぽう若い林では、そうした燃料の蓄積が少ないので、火災の蔓延をくい止める働きをしている。もちろん、燃えた老齢林は、すみやかに若い林へと生まれ変わる。山火事は場の多様性を生み、場の多様性は山火事の蔓延を防ぐという、双方向の関係が長年にわたって築かれてきたのである。

15　ところが合衆国では19世紀後半から、山火事が起きたらただちに消火するという徹底的な管理が行われてきた。そのため20世紀後半には、針葉樹の老齢林が広範囲に広がり、皮肉にも大規模な山火事が起こる下地ができあがってしまった。案の定、1988年にイエローストーン国立公園で大規模な山火事が起きた。森林の「場の多様性」を人間が封じ込めたことによる反動とみられている。

16　では、場の多様性はつねに肯定されるべきかというと、そうでもない。たとえば、人間が平野部の雑木林をどんどん伐採して、その周囲に宅地や工場、空き地、公園を作った場合を考えよう。都市近郊ではよく目にする光景である。これは、たしかに場の多様性は高いと言えるかもしれないが、生物に満ちあふれた世界とは言い難いし、自然の恵みをもたらしてくれるとも思えない。

17　世界中どこにでも見られる外来植物、捨てられた猫、ごみを食べて増えたハシブトガラスなどが幅を利かせる世界である。もとの生態系を壊して、人

間が無計画に創り出した「場の多様性」は、無意味であり有害でさえある。気の遠くなるような長い年月をかけて形成された自然の場の多様性を、うまく利用した「里山の景観」とは似て非なるものである。

18　種の多様性にしろ、場の多様性にしろ、歴史性のないものは、おおむね不安定であり、外圧によって崩れやすいシステムといえる。なにしろ、歴史がもつ膨大な時間は、さまざまな試行錯誤の積み重ねを通じて、今日見られる永続性のある多様性を創り出してきたのだから。

宮下直著『生物多様性のしくみを解く』（工作舎、2014）、190 〜 198 頁より抜粋、一部改変

解答・解説

看護医療学部・2018 年

本文読解

● 第1意味段落（①～⑩）

「場の多様性」とは、複数の生態系から構成されている状態をいう。複数の生態系があると、複数の生態系を不可欠とする生物が数多く棲めて、生物の多様性が確保される。そのような生物たちが農作物の生産や害虫の除去に役立つのである。もし欲張って田畑を広げてしまうと、生物多様性が失われて、かえって生産力が下がることもある。

● 第2意味段落（⑪～⑮）

また「場の多様性」には生態系のなかの異質性も含まれる。森林のなかの広葉樹林や針葉樹林といった区分はもとより、同じタイプの針葉樹林でも、樹高が人の背丈ほどの若い林もあれば、百年以上を経過した老齢林もある。これらの生態系のなかの異質性が大雨や火災の被害をくい止める役目を果たしている。もしこれらの異質性を排除して徹底的に管理してしまうと、天災の被害をくい止める機能が失われてしまう。

● 第3意味段落（⑯～⑱）

ただし、もとの生態系を壊して人間が無計画に創り出した「場の多様性」は無意味であり有害でさえある。歴史がもつ膨大な時間は、さまざまな試行錯誤の積み重ねを通じて、今日見られる永続性のある多様性を創り出してきたのである。

議論の骨格

筆者の主張を捉えやすくするために、議論の骨格をとりだしてみましょう。

A は B である。また、A は C もある。（A の定義）

A を作ったのは D である。

A =「場の多様性」　　　B =複数の生態系から構成されている状態
C =生態系のなかの異質性　　D =歴史の時間

設問解説

ステップ1　設問を確認する

　まず設問を確認しましょう。問題は「『場の多様性』がもつ恩恵をうまく引き出すために、どのような人間の考え方が必要なのか」です。まずは筆者の「主張」を完成させなければいけません。

ステップ2　「筆者の主張」を捉える

　「場の多様性」がもつ恩恵をうまく引き出す

　　　　　　　　　A

　ためには

　＿＿＿＿＿＿＿＿という考え方が必要である。
　　　　　　X

　「＿＿＿＿＿＿＿＿という考え方」という部分はわかりませんから、仮に（X）としておきます。

　「場の多様性がもつ恩恵をうまく引き出すためには（A）」と「〜という考え方が必要である（X）」の間には「飛躍」がありますから、「場の多様性」の説明を捉えにいきましょう。

ステップ3　「論証」を捉える

　第1意味段落から、「場の多様性」とはなんなのかを捉えましょう。

> **本文** 1
>
> 生態系は、生物を育む「場」となっている。

　まず、第1段落で「場」とは「生態系」のことであるとわかります。ですから、「場の多様性」とは「生態系の多様性」と同義です。では「多様性」とはなんなのでしょうか？

> **本文** 3
>
> 　日本の里山は、私たちが遠い祖先から受け継ぎ、長年にわたって維持・管理されてきた自然である。雑木林、水田、草原、河川などのいくつもの生態系から構成されているのは周知のとおりである。

　第3段落は「日本の里山」の話です。「雑木林、水田、草原、河川など」というのは具体例です。なんの具体例なのかというと「いくつもの生態系」です。ということは「生態系の多様性」というのは「いくつもの生態系から構成されている」ことだとわかります。

> **本文** 6
>
> 　これらの生物は、水田が広大に広がった地域や、その逆に森林ばかりが広がった地域では生活することはできない。
> ＝生態系の多様性がないならば（生態系が一つしかないならば）、これらの生物は生活することができない。
> ‖対偶
> 里山には、生態系の「単品」ではなく、何種類かの「セット」が揃っているので、複数の生態系を不可欠とする生物が、数多く棲めるのである。
> ＝これらの生物が生活するためには複数の生態系（生態系の多様性）が不可欠である。

　第6段落のこの2つの文は「対偶」の形で同じことを主張しています。「生物の多様性を実現するためには生態系の多様性が必要だ」というのがここでの主張です。

> **本文** 7 ～ 10
>
> 　生態系のセットは、農作物の生産にも役立っている。日本人が好んで食べるソバは、米や麦など他の穀類とは違い、種子が実るにはハチによる受粉が必須である（ちなみに、イネや麦の花粉は風で運ばれる）。茨城県北部で行われた調査によれば、周辺が森や草地に囲まれたソバ畑では、花に

訪れる昆虫類の数が多く、ソバの実りもよいらしい。

　花に訪れる昆虫は、もともとソバ畑に棲んでいるわけではなく、付近の森林や草地を生活の場にしているからである。<u>もし欲張って広大なソバ畑を作ったとしても、花粉を運ぶ昆虫が減ってしまうので、ソバの収量は期待ほど上がらないに違いない。</u>昔から日本人が営んできた農業は、「場の多様性」がもつ潜在力を上手に引き出してきたと言えよう。

　<u>場の多様性は、害虫の被害を減らす役割もある。</u>ドイツ北部のアブラナ畑での調査によると、草地や森林に囲まれた畑ほど、害虫によるアブラナ種子の食害が少ないことがわかった。害虫の天敵である寄生蜂が、草地や森林の近くに多いからである。

　<u>もし欲張って広大なアブラナ畑を作ると、害虫の被害は激増するかもしれない。その対策で、害虫を撃退するための農薬をたくさん撒くことになるだろうが、コストがかかるうえ、環境への悪影響も懸念される。</u>

　第7段落から第10段落までが「生態系の多様性の恩恵」の具体例となっています。「農作物の生産に役立つ」「害虫の被害を減らす」というのが「恩恵」です。

「対偶による論証」

　筆者は主張を裏付けるために「対偶」を使って「真」であることを論証します。

本文 8 ～ 10

もし欲張って広大なソバ畑を作ったとしても、花粉を運ぶ昆虫が減ってしまうので、ソバの収量は期待ほど上がらないに違いない。

＝生態系の多様性をなくしたならば、収量は上がらない。

＝収量を上げるためには、生態系の多様性を確保しなくてはならない。

　もし欲張って広大なアブラナ畑を作ると、害虫の被害は激増するかもしれない。その対策で、害虫を撃退するための農薬をたくさん撒くことになるだろうが、コストがかかるうえ、環境への悪影響も懸念される。

＝生態系の多様性をなくしたならば、被害が増え、対策のコストがかかり、環境にも悪影響。

＝被害に遭わないためには、生態系の多様性を確保しなくてはならない。

恩恵を受けるためには「生態系の多様性」を確保しなくてはならないということがわかります。

では、ここまでの議論をまとめましょう。

第1意味段落のまとめ

「場の多様性」とは、複数の生態系から構成されている状態をいう。複数の生態系があると、複数の生態系を不可欠とする生物が数多く棲めて、生物の多様性が確保される。そのような生物たちが農作物の生産や害虫の除去に役立つのである。もし欲張って田畑を広げてしまうと、生物多様性が失われて、かえって生産力が下がることもある。

続けて、第2意味段落でも「場の多様性」の説明を求めましょう。

本文 11

一口に森林といってもさまざまなタイプがある。広葉樹林や針葉樹林といった区分はもとより、同じタイプの針葉樹林でも、樹高が人の背丈ほどの若い林もあれば、百年以上を経過した老齢林もある。こうした生態系のなかの異質性も、場の多様性に含めてよい。

第11段落に「生態系のなかの異質性も、場の多様性に含めてよい」とあることから、「場の多様性」とは①「複数の生態系がある」②「生態系のなかに異質性がある」ということだとわかります。

本文 12〜15

山でよく目にするスギやヒノキの造林地は、ほとんどが同時期に植えた木の集合体、すなわち一斉林である。遠目からは美しいかもしれないし、人間が管理するうえでは効率的かもしれない。だが、記録的な大雨が降ると、運命共同体のように一斉に土砂崩れが起こることがある。一斉林では、どの木も根の深さが同じなので、表面が一気にめくれるように崩れ去るのだ。

北アメリカで森林火災が大規模化する原因も、同じようなしくみが関与している。山火事は日本のような湿潤な気候下ではたいした問題にならないが、世界的には洪水や台風とならぶ自然の脅威である。山火事が繰り返

し起こる地域では、林の年齢の異なったモザイク状の森林が、数千年以上の長い歴史をとおして維持されてきた。このモザイク性は、ときどき起こる小規模な山火事がつくりだした、「場の多様性」である。

　山火事は、老齢林で広がることが多い。老齢林の下層には、大量の落ち葉や枯れ枝、倒木があり、それが火災に燃料を提供するからである。いっぽう若い林では、そうした燃料の蓄積が少ないので、火災の蔓延をくい止める働きをしている。もちろん、燃えた老齢林は、すみやかに若い林へと生まれ変わる。山火事は場の多様性を生み、場の多様性は山火事の蔓延を防ぐという、双方向の関係が長年にわたって築かれてきたのである。<u>ところが</u>合衆国では 19 世紀後半から、山火事が起きたらただちに消火するという徹底的な管理が行われてきた。<u>そのため</u> 20 世紀後半には、針葉樹の老齢林が広範囲に広がり、皮肉にも大規模な山火事が起こる下地ができあがってしまった。案の定、1988 年にイエローストーン国立公園で大規模な山火事が起きた。森林の「場の多様性」を人間が封じ込めたことによる反動とみられている。

　第 12〜15 段落では、「天災の被害を最小限にする」ためには「生態系のなかに異質性がある」必要があるということを主張しています。ここも「対偶」に注意しましょう。

「対偶による論証」

　もし異質性がないならば、被害が広範囲に及ぶ。
＝もし一斉林、徹底管理された森林ならば、被害が広範囲に及ぶ。

第2意味段落のまとめ

　また「場の多様性」には生態系のなかの異質性も含まれる。森林のなかの広葉樹林や針葉樹林といった区分はもとより、同じタイプの針葉樹林でも、樹高が人の背丈ほどの若い林もあれば、百年以上を経過した老齢林もある。これらの生態系のなかの異質性が大雨や火災の被害をくい止める役目を果たしている。もしこれらの異質性を排除して徹底的に管理してしま

うと、天災の被害をくい止める機能が失われてしまう。

第3意味段落では、「恩恵」をもたらさない「場の多様性」が説明されます。ここから「恩恵をもたらす場の多様性」の条件を考えましょう。

---**本文** 16 ～ 18 ---

では、場の多様性はつねに肯定されるべきかというと、そうでもない。たとえば、人間が平野部の雑木林をどんどん伐採して、その周囲に宅地や工場、空き地、公園を作った場合を考えよう。都市近郊ではよく目にする光景である。これは、たしかに場の多様性は高いと言えるかもしれないが、生物に満ちあふれた世界とは言い難いし、自然の恵みをもたらしてくれるとも思えない。

世界中どこにでも見られる外来植物、捨てられた猫、ごみを食べて増えたハシブトガラスなどが幅を利かせる世界である。もとの生態系を壊して、人間が無計画に創り出した「場の多様性」は、無意味であり有害でさえある。気の遠くなるような長い年月をかけて形成された自然の場の多様性を、うまく利用した「里山の景観」とは似て非なるものである。

種の多様性にしろ、場の多様性にしろ、歴史性のないものは、おおむね不安定であり、外圧によって崩れやすいシステムといえる。なにしろ、歴史がもつ膨大な時間は、さまざまな試行錯誤の積み重ねを通じて、今日見られる永続性のある多様性を創り出してきたのだから。

第16段落～第18段落では、「場の多様性」があっても、かえって有害である場合が説明されています。ここから「場の多様性」がもつ恩恵をうまく引き出す考え方がわかります。「無計画な場の多様性」はダメだということは、「歴史性」を尊重して計画的に場の多様性を保持し、創っていかなくてはならないということです。

第3意味段落のまとめ

　ただし、元の生態系を壊して人間が無計画に創り出した「場の多様性」は無意味であり有害でさえある。歴史がもつ膨大な時間はさまざまな試行錯誤の積み重ねを通じて、今日見られる永続性のある多様性を創り出してきたのである。

ステップ4　全体をまとめる

　では、「場の多様性」の説明は捉えました。この「場の多様性」の恩恵をうまく引き出すためには何が必要なのか、見えてきたと思います。

　「うまくいかなくなる」のは下記の場合です。

　もし欲張って田畑を広げてしまうと、生物多様性が失われて、かえって生産力が下がることもある。
　もしこれらの異質性を排除して徹底的に管理してしまうと、天災の被害をくい止める機能が失われてしまう。
　もとの生態系を壊して人間が無計画に創り出した「場の多様性」は無意味であり有害でさえある。

　これらをまとめると「短期的に無計画に人間の利益を求める」と言うことができます。すると恩恵をうまく引き出すためには、そうではなく「歴史性を重んじて計画的に人間の利益を求める」という考え方が必要だとわかります。「人間の利益を求める」は必要です。「恩恵」とは「人間の利益」のことなのですから、「人間の利益」は考えなければなりません。

　上記の内容をもとに、解答をまとめてください。

　今回はあらゆる小論文の前提となる「文章読解」を学びました。文章読解のポイントを最後に確認しましょう。

Point　課題文を読む

① 筆者の「主張」を捉える
② 筆者の「主張」の「根拠」を捉える

「場の多様性」がもつ恩恵をうまく引き出すためには、多様性をもたらした歴史を重んじたうえで、目先の利益にとらわれるのではなく長期的に見て人間にとって何が利益なのかを分析して、計画的に多様性を維持していく考え方が必要である。

　「場の多様性」とは、複数の生態系から構成されている状態をいう。複数の生態系があると、複数の生態系を不可欠とする生物が数多く棲めて、生物の多様性が確保される。そのような生物たちが農作物の生産や害虫の除去に役立つのである。もし欲張って田畑を広げてしまうと、生物多様性が失われて、かえって生産力が下がることもある。

　また「場の多様性」には生態系のなかの異質性も含まれる。森林のなかの広葉樹林や針

解答ポイント

① 「歴史を重んじるという考え方」は必ず書きましょう。
　「長期的な視点」「人間の利益」は差がつくポイントです。

② 「複数の生態系から構成されている状態」は必ず書きましょう。

③ 「生態系のなかの異質性」は必ず書きましょう。

葉樹林といった区分はもとより、同じタイプの針葉樹林でも、樹高が人の背丈ほどの若い林もあれば、百年以上を経過した老齢林もある。これらの生態系のなかの異質性が大雨や火災の被害を食い止める役目を果たしている。もしこれらの異質性を排除して徹底的に管理してしまうと、天災の被害を食い止める機能が失われてしまう。

　ただし、もとの生態系を壊して人間が無計画に創り出した場の多様性は無意味であり有害でさえある。歴史がもつ膨大な時間はさまざまな試行錯誤の積み重ねを通じて、今日見られる永続性のある多様性を創り出してきたのである。

④　「無計画な『場の多様性』は有害」は必ず書きましょう。

「場の多様性」がもつ恩恵をうまく引き出すためには、人間の手が加えられていない自然を保持していく考え方が必要である。

　生態系は生物を育む「場」となっている。異なる生態系には別の生物が暮らしている。複数の生態系があると、複数の生態系を不可欠とする生物が数多く棲めて、生物の多様性が確保される。そのような生物たちが農作物の生産や害虫駆除に役立つのである。もし欲張って田畑を広げると、生物多様性が失われて、かえって生産力が下がることもある。

　一口に森林といってもさまざまなタイプがある。森林のなかに広葉樹林や針葉樹林といった区分はもとより、同じタイプの針葉樹林でも、樹高が人の背丈ほどの若い林もあれば、百年以上を経過した老齢林もある。これらの生態系のなかの異質性が大雨や火災の被害をくい止める役目を果たしている。もしこれらの異質性を排除して徹底的に管理してしまうと、天災の被害をくい止める機能が失われてしまう。

　しかし、場の多様性はつねに肯定されるべきかというとそうではない。歴史がもつ膨大な時間はさまざまな試行錯誤の積み重ねを通じて、今日見られる永続性のある多様性を創り出してきたのである。

減点ポイント

① 「人間の手が加えられていない」というのは「長年にわたって維持・管理されてきた自然」と矛盾します。

② 「場」というのは筆者が特殊な意味を込めて使っている「個人言語」だから、定義をせずに使用しています。

③ 「異なる生態系には別の生物が暮らしている」という自明の理は重要ではありません。

④ 「森林」は場の多様性を説明するための具体例なので、「生態系のなかの異質性」と一般化されていなければ減点されます。

⑤ どのような「場の多様性」が否定されるのかがわかりません。

第4講 「議論」をする

　いよいよ小論文を実際に書いていきましょう。今回からは小論文を書くために必要な考え方を導入します。まずは「議論型小論文」というものについて考えていきましょう。

▌「議論型小論文」とは▐

　「議論」というのは、なかなかみなさんには馴染みにくいかもしれません。あえて人の意見に対して反論するというのは、喧嘩を売るようでなかなかやりにくいようです。また、実際に日常生活でも「議論」好きな人は「めんどくさいやつ」と敬遠されることもあります。

　しかし、現代の世界は多様な考え方をもっている人とともに生きるグローバル社会ですから、みんなが最初から同じ意見ということのほうがむしろ少なくなっていきますので、正しい「議論」の作法をしっかりと学びましょう。

　まずはいつものように例題からやっていきましょう。

例題 次の小論文の点数を答えてください。　　　　　　　（10点満点）

〈課題文〉
　Ｋ助くんは無知だ。
　なぜなら、Ｋ助くんはテストで０点を取ったからだ。

〈問題文〉
　課題文を読んで意見を述べよ。

〈小論文〉
　私は課題文の筆者の意見に賛成だ。Ｋ助くんは無知である。
　なぜなら、Ｋ助くんはテストで０点を取ったからだ。

① 10点　　② 7点　　③ 4点　　④ 0点

いかがでしょうか？

正解は③4点です。

では、どこで点数がもらえて、どこで点数を落としたのでしょうか？

私は課題文の筆者の意見に賛成だ。K助くんは無知である。

この文はどうでしょうか。「議論型小論文」はまず筆者に「賛成」か「反対」かを表明しなければいけませんが、どちらを選ぶかで点数がつけられることは基本的にありません。ですから、「賛成」したからといって減点されるわけではありません。

なぜなら、K助くんはテストで0点を取ったからだ。

この文はどうでしょうか。これも課題文の筆者が挙げている理由ですから、この文によって減点されることもありません。

あれっ？　じゃあどこで減点されたのでしょう。

正解は「課題文に書かれていることを言っているだけだから」4点なのです。

課題文がある「議論型小論文」のポイントを説明します。

> **Point** 「議論型小論文」を考える手順
> ① 「課題文要約」＝課題文の筆者の「主張」と「根拠」を捉える
> ② 「意見」＝課題文の筆者の主張に対する「賛成」か「反対」の意見を述べる
> ③ 「論証」＝自分の「意見」の「根拠」を述べる

例題の意見は「筆者の意見」と同じであり、その「根拠」も筆者と同じであれば、①「課題文要約」の点数しか入りません。だから、4点なのです。

▌「議論型小論文」のフレームワーク ▌

　ということで、合格点（7点以上）を取るためには「課題文が読めている」だけでは不十分です。しっかりと議論に参加できるようにするために「議論型小論文」のフレームワークを覚えましょう。

> **Point**　「議論型小論文」のフレームワーク
>
> ①「反論」
> 　→筆者の「主張」の「根拠」を否定して、「反対意見」を述べる。
> ②「補足的反論」
> 　→筆者の「主張」を認めつつ、それだけでは不十分であるとして
> 　　「主張」を「補足」する。また、「根拠」も述べる。
> ③「補足」
> 　→筆者の「主張」に「賛成」するが、
> 　　別の「根拠」を述べたり、別の「具体例」を挙げたりする。

　課題文の筆者が述べていることを繰り返しているだけの小論文をよく目にします。そのような小論文は「課題文要約」の点数は入りますが、「意見」の点数は入りません。「議論」に参加していないとみなされるからです。これは大学の演習やゼミでも同じで、「人と同じことしか言わない人は評価しません」とはっきり言われます。ですから、議論に参加して点数を取るためには「賛成」か「反対」かではなく、「反論」か「補足」かを考えなければならないのです。
　これが「議論」のルールであり、参加している人がみな共通認識としてもっているからこそ、侃々諤々の「議論」があっても誰も気を悪くしないのです。
　（ただし、「議論（ゼミ、演習）」が終わればそれまでです。お互いに健闘を称える精神が必要です。あくまでも「議論」という試合内の出来事ですから、試合の外にいやな気持ちを引きずらないように、必ず相手の健闘を称えましょう。すると、気持ちよく「議論」ができるようになり、「グローバル社会」を生き抜く力がついてきます。）

では、先ほどの例題で①「反論」②「補足的反論」③「補足」のそれぞれの意見を確認しましょう。

❶▶「反論」する

　では、先ほどの例題で「反論」をしてみましょう。課題文を確認します。

> K助くんは無知だ。（主張）
> なぜなら、K助くんはテストで0点を取ったからだ。（根拠）

　「反論」するためには、「主張」の「根拠」を否定しなければいけないのですが、根拠は動かぬ証拠「0点の答案」です。一見すると反論し難く見えるかもしれません。しかし、この論証には実は隠れた論拠があるのです。次の②にはどのような文が隠れているか考えてみてください。

> 次の②に適切な文を入れなさい。
>
> 　①K助くんはテストで0点を取った。（根拠）
> 　②＿＿＿＿＿＿＿＿＿＿＿＿＿＿＿。（論拠）
> 　↓　したがって、（導出）
> 　K助くんは無知だ。

　②には「テストで0点を取るものは無知だ」が入ります。このように常識と思われるような論拠は「省略」されてしまうのです。しかし、ここに反論の糸口があるのです。
　①「K助くんはテストで0点を取った」という文は動かぬ証拠「0点の答案」があるから否定し難い。しかし、②「テストで0点を取るものは無知だ」はどうでしょうか？　これは否定することができるのではないでしょうか。

「命題」の否定文

では、「テストで0点を取るものは無知だ」という文を否定してみましょう。否定文は次のうちどちらになるでしょうか？

① テストで0点を取るものは無知ではない。
② テストで0点を取るものは無知だとは限らない。

正解は②「テストで0点を取るものは無知だとは限らない」です。

①だと否定文としては強すぎです。①は「テストで0点を取るものはみな無知でない」と言っています。それはさすがに言い過ぎですね。テストで0点を取るもののなかには無知も少しいるでしょう。ということで②が正解となります。ベン図で確認してみましょう。

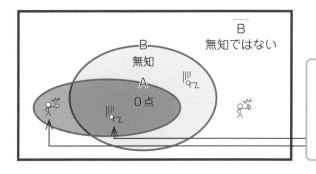

ただし、筆者の考えを否定するわけですから、明確な証拠が必要です。「テストで0点を取るもののなかには無知でないものもいる」という証拠を挙げる必要があります。そのような証拠を「反例」と言います。反論をするときには必ず「反例」を挙げましょう。例えば、「問題はできていたけどマークミスをした人」や「問題はできていたけど名前を書き忘れた人」も0点であるということを指摘すればよいですね。

ここまで指摘すれば「K助くんは無知だとは限らない」と言えるでしょう。

K助くんは確かに0点を取りましたが、「問題はできていたけどマークミスをした人」かもしれませんからね。これが「反論」です。しっかりと「反論」の方法を覚えておいてください。

❷「補足的反論」

　次は「補足的反論」というものを学びましょう。

　「K助くんは確かに無知だ」ということは認めざるを得ないとしましょう。しかし、「無知」というだけではK助くんを説明するのに十分ではないということもあるはずです。そんなときは「補足的反論」をしましょう。

> **Point　「補足的反論」のフレームワーク**
>
> 　AはBであるだけでなくCでもある。

　「K助くんは無知であるだけではない。実は天才でもある。」というように主張を補足して、「根拠」を述べていけばよいのです。どうしても筆者の主張の根拠が否定し難いときは「補足的反論」ができないか考えましょう。

❸「補足」

　筆者の主張は否定し難く、別の主張を付け加えることもできないという場合には、別の「根拠」を補足しましょう。筆者が挙げたもの以外の「理由」や「具体例」を挙げることになります。筆者と同じことを言ったのでは点数が入りませんから、議論に参加するためには筆者の意見を「補足」する必要があるのです。

　「議論型小論文」には以上の3つの方法がありますから、ぜひしっかりと覚えておいてください。

次の文章を読み、設問に答えなさい。

1　近ごろ、豊かな自然のなかで作品展示が行われる芸術祭が各地で開催されているようだ。そこで主催者がしばしば耳にする言葉は「あれも作品ですか？」らしい。地元のオッちゃんから「これが作品なら、あれだってアートだ」などと、木漏れ日のなかキラメいて揺れる蜘蛛の巣を指さされることもあるという。想像しただけでも美しいではないか。筆者など「そのとおりだ」と素直にうなずいてしまうことだろう。そういう目をもってすれば、なんだってそれらしく見える。こうしたイヴェントに参加すると、それまで当たり前のように思っていた自分の感覚に戸惑いを覚える。むしろ、そんな美意識の撹乱を自ら楽しむこと自体が、その目的ではあるのだろう。そういえば勤める大学のキャンパスの一角にガレキが積み上げられているのを、美術学部の作品発表かと勘違いしてじっと見ていたことがある。「先生、それ本当に廃棄物です」とやってきた学生にいわれても半信半疑だった。立ち入りを規制するロープにさえも、なにかメッセージが込められているかに思えていたからだ。芸大などという場所は、そもそもが世間から隔絶された異空間だ。深読みすればそのへんに転がっているゴミだって作品に見えてくる。あらゆるモノや事象が芸術となる可能性をもった時代をわたしたちが生きていることに間違いはなさそうだ。

2　音楽についていえば、この世を満たす音響現象はすべて芸術たりうる。それはかのジョン・ケージ（一九一二－一九九二）作曲「4分33秒」（一九五二年）を聴けば（？）一目（聴）瞭然だ。楽譜に音符は書かれていない。奏者はただ楽器の前にいるだけだ。しかるに、ステージからはなんら音の発せられないそのあいだ、聞こえてくる音響全部が彼の作品だ。それはひとびとの呼吸する音であり、しわぶきであり、ざわめきであり、椅子のきしみであり、空調の唸りであり、外を通る車のノイズであるかもしれない。奏者がいっさい音を出さないことを訝しむ聴衆に対する「本当にあなた方は何も聞こえないのですか」という問いかけそのものが、彼の芸術活動だ。

③　余談だが、じつは無音の音楽（？）を最初に書いたのはケージではない。彼よりも三三年早く音のない音楽（？）に気づいた人物がいる。エルヴィン・シュールホフ（一八九四 - 一九四二）というプラハ生まれのユダヤ人作曲家だ。一九一九年に発表された彼の「五つのピトレスク」というピアノ小曲集第三曲「未来に」と題されたその曲は、全三〇小節があらゆる種類の休符と感嘆符、疑問符等の記号、そして顔文字のようなものだけで埋められていた。一音も発せられないにもかかわらず右手は五分の三拍子、左手は一〇分の七拍子と指定もされている。そのうえ楽譜の冒頭には「常に表情豊かに感情をこめて自由に歌うように……」（『シュールホフ　フルートとピアノのためのソナタ』音楽之友社）との指示まである。これほど演奏困難な音楽はあるまい。彼はほかにも女性のあえぎ声と水の流れる音だけの「ソナタ・エロティカ――男たちだけのために」などという曲（？）を発表するなど、第一次世界大戦後、世界の虚無をアートにした音楽家だ。ナチスの悲劇に巻き込まれさえしなければ、戦後新たな音楽シーンを創り出す才能となったに違いない。

④　筆者は「それが一聴して音楽と認識できないものを音楽とは認めない」という立場ではある。

⑤　しかしながら実際には、当初ランダムな音響の連続としてしか捉えられなかった音現象が、なにかをきっかけに音楽として聞こえてくることがある。「ソナタ・エロティカ」だって聴きようによってはたしかに音楽に聞こえなくもない。自ら演奏する場合など「これを音楽とは認めがたい」と、いやいや譜読みをしていた作品にもかかわらず、突如その響きが音楽として現前する瞬間さえある。

⑥　機械的、無機的に作曲されたはずの、偶然性と十二音技法を組み合わせた日本人作品のなかから、きわめて日本的な情緒が立ち昇ってきて驚いた経験がかつてあった。それもなぜか、古代の日本が大陸から盛んに文化的影響を受けていた時代の匂い（知っているはずはないのだけれど……）に幻惑されるような感覚だった。なんら脈絡のない（と思われる）音の連続であっても、条件が整えばそれを音楽と感じるセンサーがひとには備わっているようだ。

⑦　もちろん最後まで雑音と無意味な信号音が連続する「自称芸術」としか評価のくだしようのない作品もたくさん経験してきた。もしかしたら、そうしたものであってもセンサーの感度が上がれば、それを音楽として認識できるときが訪れるのかもしれない。

⑧　いまや芸術と非芸術の境界は個人的な感覚のなかでさえ、曖昧なもののようだ。おそらくそれは「芸術とは何か」、裏を返せば「どうすれば芸術でなくなるのか」という、問題提起自体が芸術となりうる時代の混乱がもたらしたものだ。

⑨　その意味で、ケージ、シュールホフの作品などは音楽に対する価値観の転換を図ったものにほかならない。おそらくそうした考えの先駆となり、新しい時代の新しい芸術のあり方に、誰よりも果敢に挑んだのが、美術家マルセル・デュシャン（一八八七 ‐ 一九六八）ではなかったか。

⑩　一九一七年に発表された彼の「泉」を嚆矢として、芸術への挑発的な問いは発せられた。どこにでも売っている（いや、どこにでも売ってはいないけれど、しかるべきところにさえ行けば簡単に手に入る）男性用小便器に、デュシャンの手によって〈R.Mutt 1917〉とサインされたそれは、ニューヨークにおける「第一回アメリカ独立美術家協会展」に出品されようとしていた。彼が架空の人物リチャード・マット（Richard Mutt）氏になりすまして展覧会に応募したのだ。審査なし、年会費と出品料合わせて六ドルさえ払えば、誰のどんな作品であっても展示する、というのがその展覧会の売りだった。ところがその作品「泉」は「不謹慎」を理由に、ひとびとの目に触れることはなかった。内覧会オープンに残すところ一時間となるまで、これを展示するかどうかで内部では侃々諤々の議論があったという。審査基準はなかったにもかかわらずだ。展示拒否の結論に協会理事の一人でもあった本人は抗議の辞任をする。

⑪　その後彼は、自ら発行する小雑誌に以下のような文章で、協会の決定に反論を試みる。

　　この展覧会には六ドルを払えば、アーティストは誰でもその作品を展示できるという。リチャード・マット氏は泉を送った。しかしこの作品は議論されることなく姿を消し、展示されなかった。マット氏の泉は何を根拠に拒否されたのか：──
　　１、ある者は、それは不道徳で、下品だと主張した。
　　２、他の者は、それは剽窃で、単なる配管設備だ、という。
　　さて、マット氏の泉は不道徳ではない。浴槽が不道徳でないのと同じで、

ばかばかしいはなしだ。それは誰でも毎日配管設備店のショーウィンドウで見ることができる。

マット氏が自分の手でそれを作ったかどうかは重要なことではない。彼はそれを選んだ。彼は平凡な生活用品を取りあげ、新しい題名と視点のもとに本来の実用的な意味が消えるようにした——そう、あの物体に対して新しい思考を創造したのだ。

（『百年の《泉》』、筆者訳）

12　つまり彼は、自分の手で何かモノを作るのではなく、思考を創造することをもって芸術とした。まさにコンセプチュアルアートの先駆けがこの一連の事件（？）といえる。

13　デュシャンは美術家のひと言ではくくれない二〇世紀を代表する芸術家だ。彼は画家から出発したものの、ひと言でいうなら芸術という分野に「何でもあり」を持ち込んだ元祖といってよかろう。便器はもとより、モナ・リザの複製画に髭を描き加えたり、やはりどこにでも売っているコート掛け（タイトル「罠」）や瓶乾燥機を作品とした。はたから見れば「やりたい放題」だ。新しい時代の芸術（運動）は便器が芸術となったその瞬間（とき）から始まったといえよう。だからガレキと立ち入りを拒むロープを作品として筆者が捉えてもおかしくはないわけだ。もしあの場に作者を名乗る人物が現れて「ロープとガレキを組み合わせることによって『わたしたちの目をそらせようとしているものは何か』を考えてほしかった」と、説明されれば、「なるほど」と得心したにちがいない。それはたしかに思考の創造だ。

14　たとえそれが屁理屈だとしても、単なるゴミでさえもが考えようによっては芸術となりうる時代をわたしたちは肯定的に捉えるべきだろうか。いうまでもなく「何でもあり」（本当はそうでもないとはいえ）の芸術に首をかしげるひとびとも少なくはない。しかし、規則にがんじがらめになり、常に管理される社会に生きるよりは言祝（ことほ）ぐべき事態ではあろう。いや話は逆なのかもしれない。彼らのような芸術家を通して、一人ひとりがあらゆる価値観をさし出すことのできる社会をわたしたちは目指しているように思える。すでに現状を自由の過剰と捉える者もいれば、未だ達成せずと考える者もいる。しかし少なくとも、異なる概念がせめぎ合う場を立ち上げ、またそれを維持することが芸術家に課せられた責務の一つであることに間違いはないようだ。

15　ところで、いつの頃からかデュシャンのそれや、ケージらの音響パフォーマンスともとれる音楽は、日本では「アート」と称されはじめた。当然ながら英語に芸術とアートの差異はない。他の欧米諸言語と対照しても同様だろう。「Art」（英）や「Kunst」（独）の訳語として「芸術」があてられたのだから区別のしようがない。だから本来はアートも芸術も同じ意味であり等価であるはずだ。ところが、日本では意識的にか無意識にか、芸術とアートが使い分けられている。

16　その線引きの根底にあるのは、鍛錬された技術のうえに成り立つ作品あるいはパフォーマンスと、発想や考え方に重点をおく作品（もしくはパフォーマンス）の差なのだろう。前者が「芸術」と呼ばれ、後者が「アート」と称されている。

17　一般的な感覚では、手仕事として精緻をきわめたミケランジェロやラファエロの作品は芸術といえても、サインをしただけの既製品を「芸術」と認めるにはどこか抵抗がある。音楽においても同様だ。演奏する（？）ためにはいかなるスキルも必要とされない「4分33秒」、したがって赤ん坊にでも演奏（？）できるそれは果たして芸術なのか。意図せず偶然響いた音響をして「芸術」と主張されても、頭のなかには？？が飛び交う。どう考えてもバッハやモーツァルト、ベートーヴェンの作品やその演奏と同列には扱いたくないというのが、ひとびとの本音ではないか。「果たして自分の頭は固いのではないか」などと自問し、戸惑いを覚えつつも、芸術としての便器に感じるもやもやをどうすることもできない。わが国で「芸術」と「アート」の使い分けが始まったのは、このような事情を解消するための苦肉の策だったにちがいない。

18　もちろん、アートにもそれなりの技巧は求められる。だとしても、その制作やパフォーマンスには、代々受け継がれ磨き尽くされた技が必ずしも必要とされるわけではない。鍛錬のうえに習熟される手技は、むしろ歴史の重圧を想起させる。そんな権威と閉塞感から脱出するためにも、「アート」には高度なワザに頼らなくてもいいアイデアや概念が必要とされるのではないか。

19　そうした感じ方は日本以外のひとびとにも共通ではあるようだ。古典的な芸術と区別するために「モダンアート＝現代芸術」や「コンテンポラリーアート＝同時代芸術」「コンセプチュアルアート＝概念芸術」などの言葉で差別化していることからもそれは分かる。とはいえ、どの言葉もあくまでアート＝芸術であることに変わりはない。日本における「芸術」と「アート」のよう

な分離絶縁された構図ではなさそうだ。というのも、アート＝芸術というものはそれが何であれ、ひとの営みの果実と捉えられるからであるようだ。日本語に翻訳された芸術の語感からはそうした開放性が抜け落ちてしまった。代わってこの言葉には、外部からはうかがい知ることのできない特殊な世界の伝統と権威というイメージが貼りついたのだろう。旧来の縛りからの解放を謳う芸術の総称として日本でアートが用いられるようになったのも無理からぬことのようだ。

20　そう考えるとアーノンクール（一九二九 - 二〇一六）が挑んだ古楽復興運動は、それまでのクラシック界の常識と伝統（と信じられていたもの）からの逃走を試みた点で、まさしくアートだったのかもしれない。当時の権威主義的な演奏のあり方をいったん白紙に戻し、楽器の奏法も一からの見直しを図ったからだ。

21　誰もが疑いもしなかったヴィブラートに疑問を投げかけたことなどはその好例だ。ヴィブラートのない演奏など考えることすらできなかった二〇世紀半ばの音楽界に彼は「本当にそれは必然なのか」と問いを発した。古典的な音楽であるかぎり、演奏のために鍛錬された技の必要性が減じたわけではない。だが、伝統と称する権威にからめとられた奏法を見直そうとする運動は、過去の音楽の再現を通り越し、むしろアヴァンギャルドな芸術（音楽）＝アートであるかのように響きもした。彼は近年ひとびとのあいだで信じられてきた音楽上の語法が、じつは一九世紀以降に初めて音楽界に共有された理念によって生まれたものであり、それ以前の音楽はまったく違う価値観で奏されるべき、と主張する。返す刀で二〇世紀のスタンダードを築いた巨匠たちのバッハ、モーツァルト解釈をことごとく否定していった。大衆ウケする彼らの音楽は一八世紀の演奏習慣からは、大きく逸脱していたからだ。その結果、時代の反逆児アーノンクールの音楽は大御所たちに毛嫌いされることとなる。

22　さて、芸術であれアートであれ、その歴史が人類の起源にまで遡るものであることに疑いの余地はない。ラスコーに代表される洞窟壁画がクロマニョン人の手によることは知られている。最近の研究では、芸術的な能力は希薄だったとされてきたネアンデルタール人にも芸術活動の痕跡が見られるという。ネアンデルタール人はクロマニョン人出現以前、いまから四〇万年ほど前から二万年ほど前まで地球に生息していた人類といわれる。いくつかの洞窟壁画はこれまでの定説を覆し、ネアンデルタール人によるものであると主

張する学者もいる。ことばを獲得する以前に彼らが、ことばのない歌によって意思疎通を図っていたとの説もある。なによりも死者に花を手向ける心性をすでに彼らは持っていたらしい。ひとの埋葬された跡から多量の花粉痕が見つかることで、それが分かるという。

23 　死者を悼み弔うことは、そこに無いものとコミュニケイトしようとするこころにほかならない。それはとりもなおさず彼らが芸術的な精神活動の持ち主であったことの証だろう。日の当たる日常の向こう側にあるものの鼓動に耳を傾けること、それはすでに芸術だ。芸術の本質は、覆いの背後に息をひそめている真実へのアプローチにこそあるからだ。ひとを手厚く葬るという行為は、死の陰に隠された生の真実へと至ろうとする意思なしには生まれ得ないではないか。

24 　なぜか人間だけが獲得してしまった想像力によって、ひとは目に見える世界の向こう側にある世界を見、聴き、語ろうとする願望を持つにいたった。それこそが芸術の始まりだったはずだ。芸術は日常の秩序とはちがう原理を求める。中沢新一氏は、それを「社会的なものの外へ越え出ていこうとする衝動」と表現している（『芸術人類学』）。

25 　それゆえに、便器の向こう側に新たな意味を探索しようとするアートも、さまざまな音を組み合わせ、未知なる世界に辿りつこうとする音楽も同じものだ。美学者・佐々木健一氏によれば「常に現状を超え出てゆこうとする精神の冒険性に根ざし、美的コミュニケーションを指向する活動」が芸術ということになる。

26 　ひとは、ただ目の前にある現実を受け入れ生きるだけでは、その生に満足しないらしい。生命を超越した「無いのに在るもの」の存在を確信して、初めて生の充実を得られるようだ。なぜ人類がそのようなこころを持って、この世界に登場したのかは謎というほかはない。ただ一ついえることは芸術（と宗教）だけが、人間の持って生まれた本質的な欠落感を埋める唯一の手がかりらしいことだ。人間を人間たらしめることの根源にある営みが、芸術であることに間違いはなさそうだ。

27 　他の動物たちと同様、ただ生物としての生命をまっとうすればそれでよさそうなものを、ややこしいといえばややこしい話ではある。でも、それが人間存在の土台である以上文句をいっても始まらない。

（大嶋義実『演奏家が語る音楽の哲学』より）

設問　人間の創造性について、この文章をふまえて、あなたの考えを三二〇
　　　字以上四〇〇字以内で述べなさい。

文学部・2023 年

本文読解

●第1意味段落（1～8）

　現代では「これは本当に芸術なのか？」と疑いたくなる芸術があらゆるジャンルで出現している。ジョン・ケージの「4分33秒」は、奏者は何もしないが、周囲から発せられる音すべてが作品であるとした。現代はあらゆるモノや事象が芸術となる可能性を持った時代なのである。

●第2意味段落（9～14）

　あらゆるモノや事象が芸術となりうるという新しい芸術のあり方に誰よりも果敢に挑んだのが、美術家マルセル・デュシャンである。彼は便器にサインをして「泉」というタイトルの作品を創造した。彼は自分の手で何かモノを作るのではなく、思考を創造することをもって芸術とした。このような芸術のあり方をコンセプチュアル・アートという。

●第3意味段落（15～21）

　いつの頃からか、日本ではデュシャンのような作品を「芸術」とは区別して「アート」と呼ぶようになった。「芸術」とは、鍛錬された技術の上に成り立つ作品あるいはパフォーマンスのことである。それに対して、「アート」とは発想や考え方に重点を置く作品もしくはパフォーマンスのことである。鍛錬の上に習熟される「芸術」は、歴史の重圧を想起させる。そんな権威と閉塞感から脱出するためにも、「アート」には高度な技に頼らなくてもよいアイデアや概念が必要とされるのではないか。

●第4意味段落（22～25）

　芸術の本質は、日常の背後に隠されている真実へのアプローチにこそある。なぜか人間だけが獲得してしまった想像力によって、ひとは目に見える世界の向こう側にある世界を見、聴き、語ろうとする願望を持つにいたった。芸

術は日常とはちがう原理を求める。それゆえ、便器の向こう側に新たな意味を探索しようとするアートも、さまざまな音を組み合わせ、未知なる世界に辿りつこうとする音楽も同じものだ。

● 第5意味段落（26〜27）
　ひとは、ただ目の前にある現実を受け入れて生きるだけでは、その生に満足しないらしい。生命を超越した「無いのに在るもの」の存在を確信して初めて生の充実を得られるようだ。そして、芸術と宗教だけが、人間の持って生まれた本質的な欠落感を埋める唯一の手がかりらしい。人間を人間たらしめることの根源にある営みが、芸術であることに間違いはなさそうだ。

設問解説

ステップ1　文章の要旨を把握する
　「意見問題」で「議論」を始める前に、必ず筆者の「議論」の要旨をまとめましょう。要旨をまとめるときには「意味段落分け」をするとよいでしょう。要旨は 本文読解 を参照してください。
　そして、筆者の主張とその根拠を捉えます。ここまでが「意見問題」の前提条件です。

Point　「意見問題」の前提
①筆者の「議論」の要旨を確認する
②筆者の「主張」とその「根拠」を捉える

ステップ2　論点を設定する
　筆者のメインの主張を読み取りましょう。

根拠①：人間は想像力を持ってしまったため、生命を超越した「無いのに
　　　　在るもの」の存在を確信して初めて生の充実を得られる

＋

根拠②：芸術と宗教だけが、人間の持って生まれた本質的な欠落感を埋め
　　　　る唯一の手がかりらしい

↓

主張　：人間を人間たらしめることの根源にある営みが、芸術であること
　　　　に間違いはなさそうだ

　まとめるとこのようになっています。この議論に対して「反論」か「補足」
を考えていきましょう。

ステップ3-A　「反論」をする

　それでは議論を始めましょう。まず文章に即して「創造」の定義を考えま
す。人間は目の前には見えない何かを想像して、それを確信することで生の
充実を得ることができるとあります。この「想像」したものを確信するため
の行為を「創造」ということにしましょう。

　「創造」＝「想像したものを確信するための行為」

　すると、「芸術と宗教」だけが「創造」だということになるのですが、本当
でしょうか？　ここで根拠②が怪しいなと気がつけば、「反論」ができます。

根拠②：芸術と宗教だけが、人間の持って生まれた本質的な欠落感を埋める
唯一の手がかりらしい

　「だけ」という限定を表す言葉に注意しましょう。この言葉が使われていた
ら、「その他」の例を挙げるだけで、否定ができます。「芸術と宗教」以外で
「想像したものを創造する」ことができる例を考えましょう。

　例えば、数学はどうでしょうか？　古来より数学者は想像から始めて、数
式を書き連ねて、目に見えない真理を創造してきました。

また、物理法則はどうでしょうか？　物理学者は目に見える物質の背後にある法則を想像して、記号式を作り出し、人類はそこからさまざまなものを創造してきました。

　と考えると、実は「創造」は「芸術や宗教」だけで行われているわけではないことがわかります。

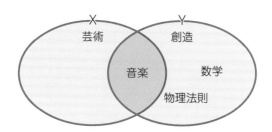

　すると、「人間を人間たらしめることの根源にある営みが、芸術であることに間違いはなさそうだ」と筆者は結論づけていますが、そうでもないことがわかると思います。芸術というのは「絵画」「音楽」など、伝統的ジャンルに包摂されるものであり、少しでもその枠組みをはみ出そうとしたら批判されるということはデュシャンの「泉」でもわかります。むしろ、伝統に囚われた「芸術」以外にも「創造」があることがわかります。

人間は想像力によって目に見えない真理を捉え、その真理を確信するために創造する。そして、創造は芸術と宗教によってのみ達成できるため、人間を人間たらしめることの根源にある営みが芸術であることに間違いはない。以上が筆者の主張である。

私は筆者の主張に反対だ。なぜなら、想像したことを創造する営みは、芸術に限らないからである。例えば、数学者が目の前にない数学的な法則を想像したとする。そして、数式を書き連ねて、法則を証明する。結果、新たな法則が創造されるが、これは芸術でも宗教でもない。また、物理学者が目に見える物質の背後にある物理法則を想像したとする。そして、実験を繰り返して、新しい物理法則を証明する。結果、新たな物理法則が創造されるが、これも芸術でも宗教でもない。想像したことを創造する営みは芸術や宗教に限らないのである。

以上より、私は筆者の主張に反対である。

解答ポイント

「反論」の「小論文の書き方」

序論　第1段落

① 課題文の筆者の「主張」をまとめます。
② 筆者の主張の「根拠」を説明します。

本論　第2段落

③ 私は筆者の主張に「反対」だと述べます。
④ 自説の「根拠」を述べます。
⑤ 「根拠」を裏付ける「具体例」「反例」を述べます。

結論　第3段落

⑥ 私は筆者の主張に「反対」だと、もう一度述べます。

人間は想像力によって目に見えない真理を捉え、その真理を確信するために創造する。そして、創造は芸術と宗教によってのみ達成できるため、人間を人間たらしめることの根源にある営みが芸術であることに間違いはない。以上が筆者の主張である。

　私は筆者の主張に反対だ。なぜなら、私は人間であるが、芸術も宗教もしていないからである。例えば、私はさまざまなことを想像するが、それはあくまで想像であって、現実ではない。人間とは目の前の現実を生きる存在のことである。芸術家や宗教家はどちらかといえば、一般的な人間とは異なる存在であり、特異な存在である。そのような人だけが人間かと言われたら、そうではないのは明らかである。

　以上より、私は筆者の主張に反対である。人間とは目の前の現実を生きる存在のことである。

減点ポイント

① 反論の根拠が私という個人のことになっており、客観性がありません。

② 人間という言葉の定義が筆者とは異なるため、議論が噛み合っていません。

　次は「補足」を考えましょう。筆者の主張に対して、新しい根拠や新しい具体例を考えます。

　今回の問題は論証の部分はこれ以上付け加えることが難しいので、「新しい具体例」を考えていきましょう。

　文章に登場した具体例は「音楽」「便器（？）」でしたから、他の芸術の例を付け加えるとよいでしょう。「文学」「彫刻」「絵画」「演劇」などが思いつくとよいですね。これらも「想像したものを創造する」ということが行われていると付け加えるとよいでしょう。

人間は想像力によって目に見えない真理を捉え、その真理を確信するために創造する。そして、創造は芸術と宗教によってのみ達成できるため、人間を人間たらしめることの根源にある営みが芸術であることに間違いはない。以上が筆者の主張である。

私は筆者の主張に賛成である。なぜなら、人間の創造性が最も発揮されるのが芸術だからである。例えば、小説は目に見えない人間の心理を描写する。それはフィクションなのであるが、明らかに現実の人間の心理と思えるものがある。その状況に置かれたら、確かにそのような心理になるだろうと想像できる。そのような目に見えない人間の心理を捉えられるように創造されたものが文学作品なのである。

以上より、私は筆者の主張に賛成である。人間にしか与えられていない想像力や創造力が最も発揮されるのが芸術である。

「補足」の「小論文の書き方」

序論　第1段落

① 課題文の筆者の「主張」をまとめます。
② 筆者の主張の「根拠」を説明します。

本論　第2段落

③ 私は筆者の主張に「賛成」だと述べます。
④ 補足の「根拠」を述べます。
⑤ 「根拠」を裏付ける「具体例」を述べます。

結論　第3段落

⑥ 私は筆者の主張に「賛成」だと、もう一度述べます。

人間は想像力によって目に見えない真理を捉え、その真理を確信するために創造する。そして、創造は芸術と宗教によってのみ達成できるため、人間を人間たらしめることの根源にある営みが芸術であることに間違いはない。以上が筆者の主張である。

　私は筆者の主張に賛成である。なぜなら、人間の創造性が最も発揮されるのが芸術だからである。例えば、ジョン・ケージの『4分33秒』は演奏家は楽器の前で何もしない。それは「音楽とは演奏家が楽器を演奏することで成り立つ」という既成概念を破壊する作品である。創造とは破壊から始まる。また、デュシャンの『泉』も同様だ。「作品とは鍛錬された技術によって作られる」という既成概念を破壊しているのである。

　以上より、私は筆者の主張に賛成である。人間にしか与えられていない想像力や創造力が最も発揮されるのが芸術である。

① 、 ③ 　具体例が課題文で挙げられたものになっています。

② 「 創造」の定義が「既成概念の破壊」になっており、論点がズレています。

　今回は「反論」と「補足」という2つのフレームワークをぜひしっかりと覚えてください。

第5講 「要約」と「意見」

「議論型」編もいよいよこれでおしまいです。今回は「課題文要約」＋「意見論述」の両方が必要になる「議論型総合問題」タイプの問題を扱います。

┣ 「議論型総合問題」とは ┣

「議論型総合問題」はまず課題文の「要約」が求められます。その要約で必要なポイントは第3講でやったように課題文の「主張」と、その「根拠」を捉えることです。

Point 課題文を読む

①筆者の「主張」を捉える

②筆者の「主張」の「根拠」を捉える

そして、次に自分の「意見」が求められます。意見のポイントは第4講でやったように「反論」「補足的反論」「補足（賛成）」を表明して、「根拠」と「具体例」を述べることです。

Point 「議論型小論文」のフレームワーク

① 「反論」
　　筆者の「主張」の「根拠」を否定して、「反対意見」を述べる。

② 「補足的反論」
　　筆者の「主張」を認めつつ、それだけでは不十分であるとして
　　「主張」を「補足」する。また、「根拠」も述べる。

③ 「補足」
　　筆者の「主張」に「賛成」するが、
　　別の「根拠」を述べたり、別の「具体例」を挙げたりする。

今までの復習をして、「総合問題」にチャレンジしましょう。

法学部・2022 年

　次の文章は、「戦争と平和」の問題について論じている。著者の議論を四〇〇字程度に要約した上で、著者の立論に連関して考察を深めてください。なお、論述に際しては、論旨を補強するために、あるいは思考を深めるために的確と考えられる具体的事例への言及を行ってください。

1　今日の日本人を表むき支配している道徳的な思想としては、戦争を悪とする考えがまず第一にあげられるだろう。これは当り前のことで、いまさら問題にするまでもないとも考えられる。しかしながら、この思想は見かけほど単純ではない。戦争が悪であるというのは、病気や貧乏、失敗、あるいは死が悪であると言われるのと、ほぼ同じであろう。苦痛や苦労、悲惨、損失と喪失、破壊など、われわれが不幸と呼ぶところのものが、それに結びついて考えられるからである。
　［中略］

2　しかしながら、戦争が害悪であり、不幸であるということと、戦争について加害者と被害者を区別し、罪を定めることは、まったく別のことである。戦争が不幸であり、悪であるということは、比較的単純なことであると言える。そしてその不幸をもたらすものとして、戦争を罪悪とすることも、また比較的単純だと言えるかもしれない。しかしこの二つの考え、この二つの言い方はすでに同じではない。前者は戦争を直接その悲惨と破壊、損失と苦痛のままに捉えているわけであるが、後者は戦争をそのような不幸をもたらす原因として、因果に分けて考えているからである。

3　ところが、このように戦争を、それがもたらす不幸や悪から区別して考えることが可能になると、戦争と悪という、この二つのものの間に、また別の関係を考える可能性も出てくるわけである。つまり戦争の結果が、いつも必ず悪でなければならないかどうかということも疑問になりうるわけだ。つまり戦争にも他の面があるということである。具体的に言えば、勝利者にとっては、戦争は栄光であり、利得であるという一面があるとも考えられるだろう。また部分的には、戦争は堂々たる行進や勇敢な行為、あるいは敵陣をおとし

いれて、勝どきをあげるよろこびなどとともに、思い浮かべられることもあるだろう。戦争が損失と悲惨と苦痛のみであるというのは、正確な考えではないかもしれない。

［中略］

4　戦争は勝利者に栄光と利得をもたらし、一般参加者にもおもしろい体験をさせる一面があるにしても、それは他の多くの人びとに悲しみと不幸をもたらし、多数の人を殺し、また傷つけるのであるから、断じて容認することはできないと、怒りをこめてわたしたちは答えることになるだろう。われわれのこの感情から言えば、戦争がこれらの不幸を含み、これらの不幸の原因となるかぎり、他にどのような面があろうとも、これを罪悪として告発しなければならないのである。

5　そしてこれはなにがなんでもという形の絶対主張なのであるから、もうこれ以上は議論の余地がないということになりそうである。しかしながら、もしわれわれがこれらの問題について、単なる感情論を固執するのではなくて、もっとよく考えられた思想をもちたいというのであれば、戦争を告発し断罪するこの主張を、われわれは思想法廷にうつして、そこで反対の弁論とも対質させなければならないだろう。

［中略］

6　若干の現象を指摘すると、例えば、ベトナム──あるいは他のどこかでもいいのであるが、そこ──に「平和を！」というようなことを言いさえすれば、他にどんな悪事をはたらいていても、わたしたちはだれでもひとかどの道徳家になれるし、なにか高尚な気持ちになることもできるのであって、それは念仏をとなえることが、あらゆる罪からわれわれを救うのにも似ていると言えるかもしれない。しかもわれわれの場合は、自分自身の罪の意識におののくというようなことは無用なのであって、ただ他を告発し、断罪すればいいのだから、なんとも気楽な話だと言わなければならない。しかしただ怒りをこめて、他を非難すれば、だれでも道徳的に高揚された気分になることができるというのは、いったいどういう道徳なのであろうか。

7　多くの場合、道徳は自分だけのアリバイ証明と自己弁護、そしてただ他を非難するための手段として利用されるにすぎないのである。そしてもっとも多く他を断罪する者が、最大の道徳家ということになりかねないのである。逆に法廷弁論の派手な演出によって、悪徳弁護士にすぎないような者が、正

義を代表するかのように見られることもあるだろう。たしかに、道徳と法律とは大部分において重なるところがあると言わなければならない。しかしすべての道徳論が法廷弁論に還元されてしまうものではないだろう。わたしたちの道徳意識は、このような狭さから解放され、このような低さを脱しなければならない。わが国の政治論も、多くは法廷弁論の域を脱しないものばかりであるが、われわれは機会あるごとに、その考え不足を指摘し批判して、政治論や道徳論の本来性を回復するよう努力しなければならないのではないか。

［中略］

8　ヘロドトスの『歴史』に、アテナイがイオニアの叛乱を助けるために二十隻の船を派遣したということが記されているが、それについて、「しかしこれらの船がギリシア人にとっても、またペルシア方の人たちにとっても、もろもろの不幸（悪）のはじめとなったのである」という短い言葉がつけ加えられている。［中略］ペルシア戦争へと発展し、ギリシアとペルシアの両方に多数の死傷者を出すことになったのである。［中略］しかしこれによってヘロドトスは、ペルシア戦争を罪悪であるとして否定したわけではない。もし否定していたのなら、この戦争で「ギリシア人やギリシア人以外の人たちによって行われた驚異すべき大事業が、その栄光を失ってしまうことのないように」これを書き留めておくという、かれの『歴史』も書かれえなかったはずである。

［中略］

9　「もしアテナイ人が迫り来る危険に恐れをなして、自分の国をすてて逃げ出すか、あるいはすて去らずに、自国にとどまるにしても、ペルシア王クセルクセスに降参するとしたら、海上においてペルシア王に敵対しようとする国は一つもなかったろう。［中略］しかし現実には、アテナイがギリシアを救ったのであると言っても、真相を間違えたことにはならないだろう。なぜなら、事態はかれらアテナイ人の向背によって、どちらへでも傾く形勢になっていたからである。しかしかれらはギリシアが自由の国として残るほうを選んだのであり、まだペルシアの勢力下に入っていない残余のギリシア人すべてを奮起させ、神明の加護によって、ペルシア王を撃退したのは、まさにかれらだったのである。」

［中略］

10　トロイア戦争にしてもペルシア戦争にしても、戦争は不幸なことであり、悪である。これを避けるためには、アテナイは水と土をペルシア王に献じて、す

ぐに降参すればよかったかも知れない。しかしかれらはギリシアの自由を死守することを選んだのである。それはかれらの罪であろうか。戦争は悪であり、不幸である。これはかれらの認識でもあった。しかしかれらは侵略者と戦い、自由のために戦うことを不正であり、罪であるとは信じなかったであろう。むしろその戦争を正義であると信じたであろう。つまり戦争において、善悪の区別と正邪の区別とは一致せず、むしろ分裂しなければならないのである。

［中略］

11　われわれは、戦争が悪であるというところから出発した。それは病気や貧困が悪と言われる意味において悪なのである。しかし戦争が悪であるということは、それだけでは道徳や倫理の問題とはならないのである。われわれが苦を避けて、快を求めるように、われわれは戦争をきらう。これは自然の傾向である。しかしそれが直ちに正邪の問題になるわけではない。わたしたちは戦後の「あまったれ民主主義」のなかで、戦争はいやだ、戦争に巻き込まれたくないというような悲鳴をあげれば、それが正義の叫びとなり、誰もがわれわれを救うために馳せつけて来なければならないと、簡単に考えてしまう傾向にある。

12　しかし正邪を空名にすぎないとする立場の人たちは、われわれの悲鳴を聞いても、これを全く無視するか、あるいは意地悪くこれをからかって、そのなかへ原子爆弾でも投げこみたくなる誘惑にかられるかも知れない。われわれが無事でいるのは、かれらがそういう気まぐれを起こさないためか、あるいはもっと別の計算や深慮遠謀があるためか、あるいはひょっとして正邪の考えが独立の拘束力をもっているためであろうと考えなければならなくなる。そしてこの最後の場合において、はじめて道徳が意味をもってくる。それは正邪を空名とのみ考える一元説の立場がゆらいだ結果なのである。しかしその道徳は、かれらの意識、かれらの思考のうちにあることであって、悲鳴をあげるわれわれが道徳の立場にあることを意味するものではない。それは乳を求めて泣く赤児が、たまたま侵入して来た強盗を道徳の世界に引き入れるにしても、赤児自身が道徳的行為をしているのではないというのと同じであろう。われわれは戦争を罪悪とし、平和を主張しようと思うなら、われわれ自身がはっきりとした正邪の意識をもち、まず自分自身を道徳の立場におかなければならない。

13　しかしながら、すでに見られたように、われわれの道徳論は他を非難し、

他に罪をなすりつけるためのもの、法廷弁論の手段たるにとどまるのであって、それ以上は道徳について何も知ろうとは思わないものなのである。それは肝心の自分自身を抜きにした道徳論なのである。そしてこのようなことが可能なのは、心の奥底において道徳は無であり、単なる美名であると信じられているからなのであろう。正義はただ利用されるためにある。［中略］正義を無視して、ただ利益だけを追求するというようなことがすぐに見破られてしまうような者は、きわめて幼稚な愚かしい悪漢である。不正の極は、むしろ正義の仮面の下に不正を行なうことであると、プラトンは規定した。正義とは戦いにおける最後の勝利にほかならないと信ずる者は、戦争のために平和を利用し、他人の正義を自己の不正のために利用するだろう。

［中略］

14　もう一度はじめに帰っていえば、戦争は悪であり、不幸なのである。それは病気や貧困が悪である意味において悪なのである。しかしもしそうだとすれば、病気や貧困と同じように処理する道があるわけである。という意味は、われわれは病気や貧困を罪悪や不正であるとして、法律論や道徳論をもち出すようなことは、今日もはやしていないのである。この不幸と悪を取りのぞくために、われわれは罪人を探すよりも、薬や治療法を求め、施設をととのえ経済政策を研究するだろう。戦争の不幸についても同じことで、それの原因となるものを研究し、これを防ぐための積極的な方策をたてなければならぬ。そうすると、法的秩序というようなものも、罪人をつくるための組織ではなくて、戦争を防ぐための規定となり、問題も法廷から行政、あるいは立法の場にうつされることになるだろう。

15　本来の政治というのは、司法よりも立法にあるわけで、これは平和で幸福な社会というようなものを目ざして、その必要条件を法的に規定し、法的秩序を築いていく仕事なのである。議会は、告発したり、裁判したりする場所ではなくて、建議し、立案し、提案する場所なのである。そしてそれが政治の本領なのである。そしてここにおいて、法というものは人間の幸福、社会の善に奉仕する地位を得、正義と善との結合が、法廷弁論とは逆の積極的な意味をもつことになるのではないか。われわれは政治が、このような政治の本来性を回復することに協力しなければならない。それが恐らく世界平和への最も有効な努力になるだろう。

田中美知太郎『直言、そして考察—今日の政治的関心』（講談社、昭和四六年）所収。試験問題として使用するために、文章を一部省略・変更している。本文の初出は、「道徳問題としての戦争と平和」（『中央公論』、昭和四一年一月号）である。著者は、「悪」の事例として、貧困と病気を比喩として提示している。今日の価値観からすれば符合しないという考えもあるだろうが、論旨の展開を生かす観点からも原文のままにしている。

本文読解

●第1意味段落　（1〜5）

　日本では戦争を悪とする考えが支配している。しかし、戦争が害悪であり、不幸であるということと、戦争について加害者と被害者を区別し、罪を定めることは全く別のことである。前者は戦争をそのまま害悪、不幸として捉えているのに対し、後者は戦争を害悪、不幸の原因として捉えているからである。このように戦争を、それがもたらす不幸や悪から区別して考えることが可能になると、戦争の結果がいつも必ず悪でなければならないかどうかという疑問が生まれる。戦争を告発し断罪するこの主張を、われわれは思想法廷にうつして、反対の弁論とも対質させなければならない。

●第2意味段落　（6〜13）

　戦争は悪であるが、それが直ちに正邪の問題になるわけではない。われわれは戦争を罪悪とし、平和を主張しようと思うなら、われわれ自身がはっきりとした正邪の意識をもち、まず自分自身を道徳の立場におかなければならない。しかしながら、われわれの道徳論は他を非難し、他に罪をなすりつけるためのもの、法廷弁論の手段たるにとどまる。

●第3意味段落　（14〜15）

　道徳が無力であると信じられている以上、病気や貧困と同じように、われわれは戦争の不幸の原因となるものを研究し、これを防ぐための積極的な方策を立てなければならない。すると、法的秩序というようなものも、罪人をつくるための組織ではなくて、戦争を防ぐための規定となり、問題も法廷から行政、あるいは立法の場にうつされることになるだろう。本来の政治というのは、司法よりも立法にある。議会は、告発したり、裁判したりする場ではなく、建議し、立案し、提案する場所である。われわれは政治がこのような政治の本来性を回復することに協力しなければならない。それが恐らくは

世界平和への最も有効な努力になるだろう。

設問解説

ステップ1 　文章の要旨を把握する

　まずは「課題文要約」からです。意味段落分けをして「主張」と「根拠」を捉えましょう。要旨は 本文読解 を参照してください。

　次はこの内容を元にして、「論点」を設定しましょう。

ステップ2 　論点を設定する

　筆者の主張をまとめると、次のようになります。

筆者の主張
世界平和を維持するためには、
　　Ａ：戦争自体が悪だという思考停止をすることや、
　　Ｂ：道徳論によって正邪を定めることではなく、
　　Ｃ：平和で幸福な社会の必要条件を法的に規定し、法的秩序を築いていくという本来の政治を行うべきである。

　この主張を裏づけるための根拠として、次のようなものが述べられました。

主張の根拠

根拠①：戦争は害悪や不幸そのものではなく、その原因である
↓
根拠②：戦争がもたらす結果は必ずしも悪とは限らない
↓
主張A：戦争自体が悪だという思考停止をするべきでない

根拠　：われわれの道徳論は他を非難し、他に罪をなすりつけるためのもの、法廷弁論の手段たるにとどまる
↓
主張B：道徳論によって正邪を定めることはできない

根拠①：戦争は病気や貧困と同様に悪である
↓
根拠②：病気や貧困と同じように戦争の原因を研究して、
　　　　これを防ぐために積極的な方策を立てなければならない
↓
主張C：平和で幸福な社会の必要条件を法的に規定し、法的秩序を築いていくという本来の政治を行うべきである

　ここまでの議論が捉えられれば、「論点」を設定できます。

ステップ3　反論する

　それでは反論を考えてみましょう。根拠、主張が否定できないかを考えてみます。

根拠の否定

根拠

　「戦争」は「貧困」や「病気」と同様に、人間に害悪や不幸をもたらすものである。

根拠に注目すると、「戦争」が「貧困」や「病気」と類似の関係になっています。このように類似のものに喩えて主張を導く論法を「アナロジー論法」と言います。そして、この「アナロジー論法」は差異を見つけ出すことで反論できるということも覚えておきましょう。

Point 「アナロジー論法」に対する反論

「アナロジー論法」
　　AとBは似ている。AはXだ。したがって、BもXだ。

「反論」
　　AとBは異なる。AはXであるのに対して、BはYだ。

　「戦争」と「貧困」や「病気」の違いはなんでしょうか。それは「人間の意思決定」によって起こっているかどうかです。

　「貧困」は社会構造によって引き起こされます。具体的な意思決定は直接的な原因にはなっていません（ただし、経済政策等の結果、間接的に貧困が生じる場合があります）。また、「病気」も病原菌やウィルスによって引き起こされます。やはり、具体的な意思決定は直接的な原因にはなっていません（ただし、衛生に関する政策や規則を作った結果、間接的に病気が生じる場合もあります）。いずれにせよ、意図的に引き起こしているわけではありません。
　それに対し、「戦争」は権力者の意思決定により、引き起こされます。ここが大きな違いです。
　ですから、「貧困」や「病気」とは異なる考え方が必要になってくると言えるでしょう。

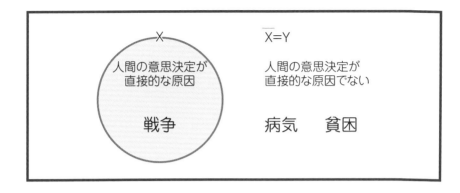

主張の否定

主張

　平和で幸福な社会の必要条件を法的に規定し、法的秩序を築いていくという本来の政治を行うべきである。

　こちらの主張はいかがでしょうか。「法的秩序」をつくることで、「戦争」を防ぐというものですが、このような「本来の政治」＝「立法」によって「戦争」を防ぐことはできるでしょうか。

　こちらも残念ながら厳しいと言わざるを得ません。「法的秩序」は「国家」という枠内で「権力」が「警察」をもつことによって成立しています。ですから国際的な「戦争」に関しては及ばないと考えられます。
　戦争に関しては国連といった国際的な機関で「国際法」を「立法」しています。しかし、この「国際法」には強制力がありません。それぞれの国家の「主権」を侵害してしまうからです。ですから、立法によって「国際法」をつくったとしても、「戦争」を予防することはできないのです。

ステップ4　具体例を挙げる
　ここで、設問条件にある「具体例」を考えていきましょう。

　戦争に関しては2022年時点では「ロシア・ウクライナ戦争」が始まって

います。この事例をもとに解説していくのがよいでしょう。

ロシア・ウクライナ戦争の原因

　現時点では、冷戦時代からの敵であるNATOが東へと拡大していることを懸念したロシアは、隣国のウクライナがNATOに加盟することはなんとしても避けたいと考えたとされています。旧ソ連の国々は東側陣営でいてもらったほうがロシアにとっては「平和」だと考えたのです。

　しかし、ウクライナのゼレンスキー大統領は西側に歩み寄りたいと考えていました。そこで、プーチン大統領が説得を試みるも、ゼレンスキー大統領を翻意させることができずに「戦争」に踏み切ったということです。

　ここでわかることは、プーチン大統領にとっては「平和」を目指して話し合ったのに、ゼレンスキー大統領がロシアにとっての「平和」に歩み寄ってくれなかったということです。つまり、ロシアは「平和で幸福な社会」の実現に向けて話し合ったが、ウクライナが応じなかったため、「平和で幸福な社会」の実現に向けて、「戦争」を始めたということなのです。

　「平和で幸福な社会」が全人類で共通認識になっていない以上、お互いがお互いにとって「平和で幸福な社会」を追求した結果、「戦争」が起こることがあり得るのです。

　ですから、「平和で幸福な社会」が全人類で共通認識になっていない以上、やはり「戦争」は禁止という国際的なルールを設けて、そこに経済制裁等の罰則を設けて、「司法」によって抑止する以外には方法はないというのが実情です。それでも今回のロシア・ウクライナ戦争のように戦争が起きてしまうのですが、今までの歴史を見る限り、戦争はかなり少なくなってきていると言えるので、「司法」は有効であると言えるでしょう。

戦争は害悪や不幸そのものではなく、その原因であるから、戦争がもたらす結果は必ずしも悪とは限らない。したがって、戦争自体が悪だという思考停止をするべきでない。また、われわれの道徳論は他を非難し、他に罪をなすりつけるためのもの、法廷弁論の手段たるにとどまる。したがって、道徳論によって戦争の正邪を定めることはできない。戦争は病気や貧困と同様に悪であるから、病気や貧困と同じように戦争の原因を究明して、これを防ぐための積極的な方策を立てなければならない。したがって、世界平和を維持するためには、戦争自体が悪だという思考停止をすることや、道徳論によって戦争の正邪を定めることではなく、平和で幸福な社会の必要条件を法的に規定し、法的秩序を築いていくという本来の政治を行うべきである。以上が課題文の筆者の主張である。司法ではなく立法によって戦争を防ぐべきであるという筆者の主張に対して、私は反対である。

まず、戦争は病気や貧困と同様に悪であるから、病気や貧困と同じように戦争の原因を究明して、これを防ぐための積極的な方策を立てなければならないということを筆者は主張の根拠としているが、この根拠は説得力に乏しい。なぜなら、戦争は貧困や病気とは異なるからである。戦争は権力者の意思決定が

解答ポイント

「反論」の「小論文の書き方」

序論　第1段落

① 課題文の筆者の「主張」をまとめます。
② 筆者の主張の「根拠」を説明します。
③ 私は筆者の主張に「反対」だと述べます。

本論1　第2段落

④ 課題文の筆者の根拠を「否定」します。
⑤ 戦争と病気や貧困との「差異」を説明します。

直接的原因になるのに対し、貧困や病気は権力者の意思決定が直接的原因にはならない。例えば、ロシア・ウクライナ戦争ではプーチン大統領の意思決定が直接的原因となっている。したがって、戦争を防ぐには貧困や病気とは異なるアプローチが必要になる。

　また、筆者は世界平和を維持するためには司法ではなく立法、つまり平和で幸福な社会の必要条件を法的に規定し、法的秩序を築いていくという本来の政治を行うべきだと結論づけているが、この主張にも無理がある。なぜなら、国家同士の戦争は国内法ではなく国際法で扱うものだからである。国際法は強制力がなく、いかに立派な理念を掲げたとしても守られない可能性もある。例えば、ロシアのプーチン大統領も「ロシアにとっての平和で幸福な社会」を求めた結果、戦争に踏み切ったのである。国際法の立法では戦争は抑止できないという証拠である。

　以上より、筆者の主張に対して、私は反対である。世界平和を維持するためには、戦力の均衡と司法による制裁が有効であると考える。

⑥　「具体例」を述べます。

本論2　第3段落

⑦　課題文の筆者の主張を「否定」します。
⑧　「根拠」を述べます。
⑨　「具体例」を述べます。

結論　第4段落

⑩　私は筆者の主張に「反対」だと、もう一度述べます。

戦争は害悪や不幸そのものではなく、その原因であるから、戦争がもたらす結果は必ずしも悪とは限らない。したがって、戦争自体が悪だという思考停止をするべきでない。また、われわれの道徳論は他を非難し、他に罪をなすりつけるためのもの、法廷弁論の手段たるにとどまる。したがって、道徳論によって戦争の正邪を定めることはできない。戦争は病気や貧困と同様に悪であるから、病気や貧困と同じように戦争の原因を究明して、これを防ぐために積極的な方策を立てなければならない。したがって、世界平和を維持するためには、戦争自体が悪だという思考停止をすることや、道徳論によって戦争の正邪を定めることではなく、平和で幸福な社会の必要条件を法的に規定し、法的秩序を築いていくという本来の政治を行うべきである。以上が課題文の筆者の主張である。司法ではなく立法によって戦争を防ぐべきであるという筆者の主張に対して、私は賛成である。

　まず、戦争そのものが絶対的な悪である。戦争はいかなる理由があれ行ってはならない。例えば、ロシア・ウクライナ戦争は戦争を仕掛けたプーチン大統領も悪いが、それに応戦したゼレンスキー大統領も悪い。戦争に関与したものはすべからく悪なのである。すぐに終戦して然るべき制裁を受けるべきである。

このような戦争が起こらないようにするた
めには、戦争は絶対悪であるという思想を道
徳として、世界の共通認識にするべきである。
もちろん、戦争に関する法の整備や戦争を行
った際の制裁に関しても詳細にルール化する
ことも必要だろう。今回のロシア・ウクライ
ナ戦争に関しては、起こってしまったことな
ので取り返しがつかないが、今後戦争が起こ
らないように世界中の国が協力していく必要
がある。
　以上より、司法ではなく立法によって戦争
を防ぐべきであるという筆者の主張に対して、
私は賛成である。

② 筆者に賛成と主張し
ておきながら、「戦
争は絶対悪であると
いう思想を道徳とし
て、世界の共通認識
にするべき」と述べ
ている。筆者は「道
徳論によって戦争の
正邪を定めることは
できない」と述べて
いるので、矛盾して
います。

第 **4** 章

「問題解決型」編

第6講 「原因分析」と「解決策」

▌「議論」と「問題解決」の違いとは ▐

今回から「問題解決型」編に突入します。「議論」タイプと「問題解決」タイプは似ている点もあれば異なる点もあります。今回はその類似点と相違点を学びましょう。

> **Point** 「議論」と「問題解決」の違い
> ① 「議論」は「反論」「補足」という形で課題文の「筆者」に応答する。
> ② 「問題解決」は「原因分析」「解決策」という形で「出題者」に応答する。

「議論」は課題文の筆者の主張に対して答えます。そして、設問もそのように促します。ですから、筆者の主張とその根拠を捉えることが重要になります。

それに対して、「問題解決」は課題文の筆者の主張に「反論」などをすることを求めていません。課題文はあくまで素材という位置付けであり、「設問」に答えることがより重要になってきます。ですから、設問条件をしっかり読んで、必要な要素を探しながら、文を読んでいくことが重要になります。

従来の小論文対策は「議論」か「問題解決」のどちらか一方しか説明されておらず、「問題解決」が求められているのに「議論」をしたり、「議論」が求められているのに「問題解決」をしたりと、求められているものとは違う論述になっているものもありました。ですから、まずは「議論」と「問題解決」というものがあることを知りましょう。そして一つずつできるようにしてから、「議論」と「問題解決」の両方が必要な問題へと学習を進めていくのがよいでしょう。「困難は分割せよ」です。

では、「問題解決」のフレームワークを確認して、問題を解いていきましょう。

▍一般的な「問題解決」

一般的な小論文で出題される「問題解決」のフレームワークをまずは確認しましょう。第2講でやった内容を思い出してください。

> **Point** 「問題解決」のフレームワーク
>
> ① 「問題発見」＝「理想と現状との差」を知る
> ② 「原因分析」＝なぜその「問題」が生じているのか、「原因」を分析する
> ③ 「解決策」　＝「問題」の「原因」を取り除く方法を考える

一般的な小論文では「課題文」のなかに「問題」があるので、まずはその「問題」を発見しましょう。そして、「原因分析」は「課題文」のなかで文章やデータとして与えられている場合もありますが、自分で考えなければいけない場合もあります。最後に「解決策」を自分で考えて述べるのです。例題を確認してみましょう。

> **例題** 次の文章を読み、設問に答えよ。
>
> 〈課題文〉
>   K助くんはテストで80点を取ろうとしたが、実際には40点しか取れなかった。テスト期間ではK助くんは毎日勉強をしていた。しかし、目標点に届かなかったのだ。
>
> 〈設問〉
>   K助くんがテストで良い点を取るためには何をしたらよいか、答えよ。

どうでしょうか？　まず「問題発見」からいきましょう。「問題」とは「理想と現状の差」です。ですから、課題文においては「理想（＝80点）と現状（＝40点）の差」が「問題点」だと言えます。

次は「原因分析」です。毎日勉強していたのに目標点に達していないというのは不思議です。これは「勉強のやり方」に原因があると考えられます。

例えば、「復習のタイミングを間違えている」ということがあります。忘れることを前提にして、毎日やったことを何度も復習することができていなければ、勉強しても忘れてしまいますね。これは、「課題文」から読み取れる場合もあれば、「自分」で仮説を考えなければいけない場合もあります。今回は「復習のタイミングを間違えている」ということにしましょう。

　最後は「解決策」ですが、「解決策」は「原因を取り除く」というものです。例えば、「その日の夜、次の日の朝、テストの当日と3回復習する」という解決策が考えられます。そして、実際に次のテストを受けて、スコアが改善されていれば、正しい「解決策」だったということになるでしょう。（もしこれでもスコアが伸びなければ、「原因分析」を間違えていたということになります。）

　このように「問題解決」というのは「仮説の検証」という試行錯誤を繰り返し行っていくのです。

┣ 慶應の「問題解決」 ┫

　ではいよいよ本題の慶應小論文にいきましょう。

　慶應小論文の問題解決は「詳細な因果関係の分析」が求められます。課題文や設問の誘導にうまく乗っかって「因果関係を構築する」ところに特徴があります。ですから、「因果関係の検証」の仕方を学びましょう。

Point 「因果関係の検証」

　「原因」かなと思ったら「否定」してみる
① 「原因」を「否定」したら「結果」が導かれない→「因果関係あり」
② 「原因」を「否定」しても「結果」が導かれる→「因果関係なし」

　例えば、「復習の仕方を間違えている」が原因で、「テストの点数が悪い」が結果だという仮説を立てたとしましょう。もしそれが本当なら、「復習の仕方を間違えていない」状態にすれば「テストの点数は悪くない」はずです。もし仮説が間違っていれば、「復習の仕方を間違えていない」状態にしても「テストの点数は悪い」ままです。

　このように「因果関係」を検証する「ロジカルシンキング」「クリティカルシンキング」が求められるのが、慶應の「問題解決型」小論文なのです。

Point	慶應の「問題解決」

「因果関係」を検証して構築する。

それでは、実際の「慶應小論文」の問題をやっていきましょう！

実践問題 **6** ▶ **経済学部・2022 年**

次の２つの課題文Ⅰ、Ⅱを読んで、設問 A、B に答えなさい。

［課題文］
Ⅰ．多数決は誰の意思か
（日本経済新聞 2021 年 7 月 11 日朝刊より抜粋）

[1]　世界を動かす力の一つにオピニオンがある。人々が織りなす考えや主張は社会のムードをつくり、時代を塗り替えてきた。そのオピニオン誕生の力学がスマートフォンや SNS（交流サイト）の普及で変わってきたのではないか。好奇心旺盛な科学者らが新たな原理の探索に乗り出した。

[2]　【多数決】賛成者の多い意見を集団として受け入れて物事を決めるしくみ─。私たちは多数決が公平さを担保し、民主主義の根幹をなすと信じている。だからこそ、人々は選挙などの結果を受け入れる。だが、多数決は金科玉条なのか。

[3]　「２〜３割の人の意見が、全体に優先してしまう」。高知工科大学の全卓樹教授は自らの研究をもとに、多数決とは言いがたい例がある現実をこう明かす。

[4]　全教授は、多くの人が周りと意見を交わすうちに世論のような社会のムードができあがるしくみを解明する「世論力学（オピニオンダイナミクス）」理論の第一人者だ。2020 年にフランス・国立科学研究センターのセルジュ・ガラム博士と共同で発表した論文は民主主義を強く信じてきた人々に少なからず動揺をもたらした。

[5]　論文では、集団の意思が決まるまでの過程をシミュレーション（模擬計算）した。自分の意見を譲らない「確信者」と、他人の意見に影響を受ける「浮動票者」を想定し、集団全体の意見の変遷を数値の変化でわかるようにした。途中、確信者の意見に対して、浮動票者の考えが揺れ動く。突如、変化が起きた。確信者の数を 25 〜 30% 超まで増やしたとたん、浮動票者全員が確信者の意見に転じたのだ。

[6]　３割程度の意見が全体の世論を左右する様子は、集団の意思決定時にふさ

わしいとされた多数決の力学とは異なる。「多数決」どころか「3割決」の傾向は、SNSを介して議論するような場合に観察できるという。「集団の意思決定に別のしくみが現れた」と全教授はいう。

[7] 多数決への信仰が生まれたのは、紀元前5世紀ごろの古代ギリシャだ。市民が戦争や財政について語り合い、今でいう多数決で方針を決めた。社会が発展すると王政や貴族政治が続き、ファシズムなどを乗り越えて、法律や財政、外交などの重要課題を多数決で決めるのが慣例になった。

[8] 議論に加わる人数が限られた昔は、一部の意見が多数を支配する傾向が強かった。以前にガラム博士が発表した論文では、わずか17%の意見が世論を左右するとの計算結果が出た。

[9] 今はSNSがある。全教授は「マスコミを通じて数人のオピニオンリーダーが世論を率いた2000年頃よりも前と現在は違う」と話す。そうだとしたら、デジタル社会のさらなる進展で「一人ひとりの多様な意見を全体に反映するのはたやすい」「民意を直接、確実に届ける国民投票がかなうかもしれない」と思えてくる。

[10] だが、SNSは民主主義を支える多数決の理想型に近づく可能性を感じさせる一方で、地域や生活様式を超えたつながりやすさゆえに「一部」の意見を「多数」と惑わす遠因にもなる。理想と現実との間の溝を高知工科大学の研究成果は浮き彫りにする。

[11] 鳥取大学の石井晃教授らの理論研究では、一人ひとりの真意を吸い上げる難しさが明らかになった。

[12] 研究では、世界に1千人が住み、100人は「ほかの誰もが見聞きできる情報」をじかに入手できないと仮定した。

[13] この情報を550人以上が信じてSNSや会話で周りに言いふらしたとして計算すると、情報から隔絶されている100人の8〜9割までもが次第に同じ情報に染まっていった。集団の55%が信じる情報が同調を招き、一人ひとりの生の声を覆い隠すという結果になった。

（中略）

[14] 一人ひとりが情報の海の中で生きる現代は、意思決定が誰にとっても難しい時代でもある。そんな今を生きているという自覚が求められている。

（草塩拓郎）

Ⅱ．変容する科学とその行方

（隠岐さや香『文系と理系はなぜ分かれたのか』星海社、2018年より抜粋）

[1]　学術が、科学がどうなるのか。未来のことは誰にもわかりません。ただ、現代は、めざましい情報技術の進展も手伝って、この先どうなるのだろうかという、期待と不安に包まれた時代だと思います。

[2]　歴史を振り返る限り、「文系・理系」を含め、学問の分類を大きく変えてきたのは、人間が扱える情報の増大と、学問に参入できる人の増加です。たとえば、活版印刷が生まれて本が普及したことは、近代的な諸学問が発展したことと無関係ではないでしょう。その意味で、近年の情報技術の発展が私たちに何をもたらすのか、未知数の側面はあります。

[3]　ただ、文理の区分を含め、私自身はすぐに大きな変化があるとは思っていません。情報技術は、あらゆる分野で処理可能なデータの量を飛躍的に増やしましたが、現状では、研究の手段を豊かにしたという段階に留まっている気がします。

[4]　むしろ、明白な変化が起きているのは、人と人のマッチングや交流のあり方です。（中略）尖った専門性のある人とその間をつなぐ人とで補い合い、集合知を発揮する、という方向の取り組みが今後増えていきそうです。

[5]　学問への参入者の増大という点については、情報技術の問題とは独立に、前から新しい動きがあります。研究をしたことがない一般の人が、参加し、貢献することができるような研究活動が、様々な分野で出現しているのです。社会科学や一部の環境科学的プロジェクトにおいては、「参加型研究」「アクションリサーチ」などといわれます。理工医系では「シチズン・サイエンス」という言葉がよく使われています。

[6]　背景には、集合知としての研究を追求する視点、すなわち、学問の諸分野に加えて、一般市民も含めた、多様な立場の人が持つ知見をうまく集めて問題解決につなげよう、との発想があります。

[7]　典型的な参加型研究の取り組みは、ある地域の課題解決を目指すタイプのものです。それも、研究者が一方的に専門家として住民を受け身の「調査対象」とするのではなく、コミュニティの人々と共に改善の可能な問題について話し合い、可能な作業を分担するといった形を取ります。

（中略）

[8]　このように様々な分野で、壮大な挑戦のため、世界中の市民と研究者が協

働しています。

⑨　ただ、素晴らしい試みの陰には、常に課題も生じることを忘れてはならないでしょう。参加する人々が多様化し、規模が大きくなる場合について、私たちはようやく知見を積み重ね始めたばかりです。特に、情報技術や、先進国の豊富な資金源でもってその可能性が極限まで引き上げられている場合や、市場を通じた価値づけがなされる可能性のある研究の場合は、それが参加者一人一人にとって何を意味するのか、常に考え続ける必要があると思います。

⑩　まだこれからの試みですから断言はできませんが、社会科学系の「アクションリサーチ」と自然科学系の「シチズン・サイエンス」に関する文献からは、いくつかの課題も浮かび上がってきます。それは主に、人間に関するものと、データの扱いによるものに大別できるようです。「アクション・リサーチ」では、地域の生活に関わるテーマも多い関係上、「個々の参加者と人間として向き合う」ことが必要となります。特に、地域住民が「生活を乱された」「研究の道具にされた」という気持ちにならないようなアプローチは重要な関心事です。

⑪　「シチズン・サイエンス」では「集まってきたデータと向き合う」ことが基本となりやすく、データ処理に関する課題が検討されているようです。たとえば、「質の違いが大きいデータをどのように気をつけて分析するべきか」「参加者によりデータ収集への貢献度が大きく違うことが多いが、報酬をどのように設定するべきか」などの議論がみられました。ただ、課題の性質上、「市民に科学への親しみを持ってもらえる」「科学に関心のある市民に、研究者と一般社会の橋渡しをしてもらえる」という明るい論調が前面に出ていました。

⑫　問題が起きないのなら、それに越したことはありません。ただ、こんな話をするのは、世界中の人々が研究のため、データ収集に関わるような状況が仮に生じると仮定した場合、ある過去の議論を思い出すからです。

⑬　一九六〇年代のことです。デレク・プライスは、二〇世紀における自然科学研究者の人口と研究論文数の指数関数的増加に着目しました。そして、職人の工房のような「リトル・サイエンス」から、大型装置を備えた工場のような研究室でチーム作業の行われる「ビッグ・サイエンス」に移行したと認識しました。プライスが鋭いのは、そこに科学の普及と民主化よりは、徹底した分業と、階層化の進展を見出したことです。実際のところ、出現したのは、各分野で、少数の科学者が非公式のエリートグループを作り、情報の流通を

密に行いながら、階層秩序の頂点に立って全体のトレンドに影響を与えていくという構造でした。そして、多くの研究者にとっては、巨大装置を用いて毎日大量のデータをモニタリングし、そこからひたすら情報処理を繰り返すのが仕事になっていきました。

14　科学の対象が複雑化し、膨大な情報処理が必要となる時代においては、学際的な研究の営みへとこれまで以上に多くの人が引き込まれていくのでしょう。そして、人文社会でも、理工医でも、研究の内容が、膨大な作業の分業のような性質のものであるとき、個人は巨大な構造の一部となります。爆発的に増え続ける情報と、それを扱える技術の出現。巨大化する協働のコミュニティを前に、<u>一人の人間が持つ知性が一体どんな意味を持ちうるのか</u>。そうしたことも考えなければいけない時代となっている気がします。

※常用漢字表の例にない漢字については、原文にある以外に一部ふりがなをつけた。

［設問］

A. 課題文Ⅰに基づき、個人の多様な意見を反映する集団的意思決定ルールとして、多数決の問題点を200字以内で説明しなさい。

B. 課題文Ⅰを踏まえた上で、課題文Ⅱにおける「学問への参入者の増大」により生じうる問題と、それに対して「一人の人間が持つ知性が一体どんな意味を持ちうるのか」について、あなたの考えを400字以内にまとめなさい。

設問 A

設問 B

設問解説

設問 A

では設問文を見てください。

> A. 課題文Ⅰに基づき、個人の多様な意見を反映する集団的意思決定ルールとして、多数決の問題点を200字以内で説明しなさい。

　この問題は課題文Ⅰの読解問題となっています。課題文Ⅰに「多数決の問題点」が説明されているので、その内容をまとめましょう。

ステップ1　文章の要旨を把握する

　「多数決」に関する説明があるところを中心にして課題文Ⅰを読んでいきましょう。まずは第2段落を見てください。

本文2

【多数決】賛成者の多い意見を集団として受け入れて物事を決めるしくみ——。私たちは多数決が公平さを担保し、民主主義の根幹をなすと信じている。だからこそ、人々は選挙などの結果を受け入れる。だが、多数決は金科玉条なのか。

　第2段落では「多数決は金科玉条なのか」という問題提起をしています。このあとに、「多数決の問題点」が説明されるのではないかと考えながら読んでいきます。

本文3

　「2〜3割の人の意見が、全体に優先してしまう」。高知工科大学の全卓樹教授は自らの研究をもとに、多数決とは言いがたい例がある現実をこう

明かす。

第3段落では「多数決の問題点」として「2〜3割の人の意見が、全体に優先してしまう」という現実について説明されます。ここで「問題解決のフレームワーク」を思い出してください。「問題発見」とは「理想と現実の差」を発見することでした。では、「2〜3割の人の意見が、全体に優先してしまう」は問題と言えるでしょうか。

「2〜3割の人の意見が、全体に優先してしまう」は「現実」だけなので、問題とは言えません。では、「理想」は何なのでしょうか。それは第9段落に書かれています。

本文 9

　今はSNSがある。全教授は「マスコミを通じて数人のオピニオンリーダーが世論を率いた2000年頃よりも前と現在は違う」と話す。そうだとしたら、デジタル社会のさらなる進展で「一人ひとりの多様な意見を全体に反映するのはたやすい」「民意を直接、確実に届ける国民投票がかなうかもしれない」と思えてくる。

第9段落では「一人ひとりの多様な意見を全体に反映するのはたやすい」「民意を直接、確実に届ける国民投票がかなうかもしれない」とあります。この部分からすると、多数決の理想は「一人ひとりの多様な意見を全体に反映した民意に基づいて物事を決める」というものです。それなのに、「2〜3割の人の意見が、全体に優先してしまう」から、問題だと筆者は述べていたのです。ここで「多数決の問題点」をまとめておきましょう。

多数決の問題点

理想　「一人ひとりの多様な意見を全体に反映した民意に基づいて物事を
　　　決める」
　　　　　　↕差
現実　「2〜3割の人の意見が、全体に優先してしまう」

　次は、そのような「問題」が生じる「原因」を分析しましょう。その「原因分析」は第4段落〜第6段落に書かれています。

　全教授は、多くの人が周りと意見を交わすうちに世論のような社会の
ムードができあがるしくみを解明する「世論力学（オピニオンダイナミク
ス）」理論の第一人者だ。2020 年にフランス・国立科学研究センターのセ
ルジュ・ガラム博士と共同で発表した論文は民主主義を強く信じてきた
人々に少なからず動揺をもたらした。

　論文では、集団の意思が決まるまでの過程をシミュレーション（模擬計
算）した。自分の意見を譲らない「確信者」と、他人の意見に影響を受け
る「浮動票者」を想定し、集団全体の意見の変遷を数値の変化でわかるよ
うにした。途中、確信者の意見に対して、浮動票者の考えが揺れ動く。突
如、変化が起きた。確信者の数を 25〜30% 超まで増やしたとたん、浮動
票者全員が確信者の意見に転じたのだ。

　3 割程度の意見が全体の世論を左右する様子は、集団の意思決定時にふ
さわしいとされた多数決の力学とは異なる。「多数決」どころか「3 割決」
の傾向は、SNS を介して議論するような場合に観察できるという。「集団
の意思決定に別のしくみが現れた」と全教授はいう。

　第 4 段落から第 6 段落では「3 割決」のメカニズムが説明されています。
世の中には「確信者」と「浮動票者」という二種類の人間がいます。そして、
ある意見の確信者の数が 25〜30% 超に達すると、浮動票者全員がその確信
者の意見に転ずるというのが「3 割決」のメカニズムです。

　「3 割決」だけが問題が発生する「原因」なのかというとそうでもありませ
ん。SNS にはさらにもう一つ問題が発生する「原因」があります。それは第
11 段落〜第 13 段落で説明されています。

　鳥取大学の石井晃教授らの理論研究では、一人ひとりの真意を吸い上げ
る難しさが明らかになった。

　研究では、世界に 1 千人が住み、100 人は「ほかの誰もが見聞きできる
情報」をじかに入手できないと仮定した。

　この情報を 550 人以上が信じて SNS や会話で周りに言いふらしたとして
計算すると、情報から隔絶されている 100 人の 8〜9 割までもが次第に同
じ情報に染まっていった。集団の 55% が信じる情報が同調を招き、一人ひ

> とりの生の声を覆い隠すという結果になった。

　ここでは集団の55％が信じる情報に、その情報をじかに入手できない人たちの8〜9割が同調するということが説明されています。このようなことから「多数決」の「理想」が実現できないという問題が発生します。

ステップ2　解答を書く

　それでは解答を書きましょう。字数的に「原因」を2つ書くことはできないので、「全卓樹教授」と「石井晃教授」の研究の結果の要点をまとめて書きましょう。

解答例

　多数決とは、賛成者の多い意見を集団の意見として受け入れて物事を決めるしくみである。本来は一人ひとりの多様な意見を全体に反映して物事を決めることが理想であるが、現実は一部の人々の意見が全体に優先してしまうという問題がある。その問題が生じる原因は、ある意見や情報を信じる人の数が一定の割合に達すると、自分の意見や情報がないものは確信者の持つ意見や情報に流されるというメカニズムにある。

設問解説

設問 B

では設問文の確認からいきましょう。

B. 課題文Ⅰを踏まえた上で、課題文Ⅱにおける「学問への参入者の増大」により生じうる問題と、それに対して「一人の人間が持つ知性が一体どんな意味を持ちうるのか」について、あなたの考えを400字以内にまとめなさい。

ステップ1 「問題発見」をする

こちらの設問も「問題発見」と「問題解決」が求められています。まずは「学問への参入者の増大」により生じうる問題を整理しましょう。この問題点は課題文Ⅱの第12〜13段落にあります。

本文 12 〜 13

　問題が起きないのなら、それに越したことはありません。ただ、こんな話をするのは、世界中の人々が研究のため、データ収集に関わるような状況が仮に生じると仮定した場合、ある過去の議論を思い出すからです。

　一九六〇年代のことです。デレク・プライスは、二〇世紀における自然科学研究者の人口と研究論文数の指数関数的増加に着目しました。そして、職人の工房のような「リトル・サイエンス」から、大型装置を備えた工場のような研究室でチーム作業の行われる「ビッグ・サイエンス」に移行したと認識しました。プライスが鋭いのは、そこに科学の普及と民主化よりは、徹底した分業と、階層化の進展を見出したことです。実際のところ、出現したのは、各分野で、少数の科学者が非公式のエリートグループを作り、情報の流通を密に行いながら、階層秩序の頂点に立って全体のトレンドに影響を与えていくという構造でした。そして、多くの研究者にとっては、巨大装置を用いて毎日大量のデータをモニタリングし、そこからひたすら情報処理を繰り返すのが仕事になっていきました。

第 13 段落には「学問への参入者の増大」により「徹底した分業と、階層化の進展」がもたらされたとあります。「徹底した分業と、階層化の進展」とは「各分野で、少数の科学者が非公式のエリートグループを作り、情報の流通を密に行いながら、階層秩序の頂点に立って全体のトレンドに影響を与えていくという構造」ができあがることです。

それでは、こちらの何が問題なのかというと、設問Aでもみたように本来は「一人ひとりの多様な意見を全体に反映して物事を決めること」が理想でした。ここに理想との差ができることがわかれば、「問題発見」はできます。

問題発見

理想＝「一人ひとりの多様な意見を全体に反映して物事を決める」

↕

現実＝「各分野で、少数の科学者が非公式のエリートグループを作り、情報の流通を密に行いながら、階層秩序の頂点に立って全体のトレンドに影響を与えていく」

ステップ2 「原因分析」から「解決策」を導く

次に、この問題が発生した原因を考察していきます。文章には「学問への参入者の増大」により「徹底した分業と、階層化の進展」がもたらされたとありますが、「学問への参入者の増大」だけでは不十分です。課題文Ⅱの第14 段落を読んでみましょう。

本文14

科学の対象が複雑化し、膨大な情報処理が必要となる時代においては、学際的な研究の営みへとこれまで以上に多くの人が引き込まれていくのでしょう。そして、人文社会でも、理工医でも、研究の内容が、膨大な作業の分業のような性質のものであるとき、個人は巨大な構造の一部となります。爆発的に増え続ける情報と、それを扱える技術の出現。巨大化する協働のコミュニティを前に、一人の人間が持つ知性が一体どんな意味を持ちうるのか。そうしたことも考えなければいけない時代となっている気がします。

まず、現代はめざましい情報技術の進展により、①「膨大な情報処理」が必要な時代になりました。そして、一般市民も含めた多様な立場の人が持つ知見をうまく集めて問題解決をしようという発想で②「学問への参入者の増大」が起こります。一見良い結果がもたらされそうですが、過去には、「科学の普及と民主化」よりも、「徹底した分業と、階層化の進展」が見出されました。ここにはどういった原因が絡んでいるのかを考えましょう。

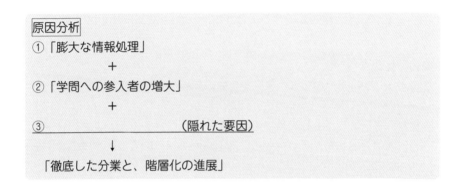

　③を考察するときに、課題文Ⅰの内容を思い出してください。「ある意見や情報を信じる人の数が一定の割合に達すると、自分の意見や情報がないものは確信者の持つ意見や情報に流されるというメカニズム」についての説明がありました。つまり、「学問への参入者の増大」があっても、新たに参入した一般人たちが「自分の意見や情報がないもの」である場合には「確信者（専門家）」の意見に流されてしまうのです。ですから、少数の専門家たちが階層秩序の頂点に立って全体のトレンドに影響を与えていくのです。

　このような要因がわかれば、解決策も見えてきます。
　「一人の人間が持つ知性が一体どんな意味を持ちうるのか」という問いの答えは、「一部の専門家たちによってある分野の意思決定が行われることを防ぎ、多様な立場の人が持つ知見を集合知として問題解決につなげる」という意味を持つということになります。

「一般人に膨大な情報と専門知を解説する」

↓

「一部の専門家たちによってある分野の意思決定が行われることを防ぎ、多様な立場の人が持つ知見を集合知として問題解決につなげる」

ステップ **3** **解答を書く**

それでは実際に解答を書いてみましょう。

現代の諸問題に対して、多様な立場の一般人が持つ知見を集合知として問題解決につなげたいのだが、複雑化するそれぞれの専門分野で膨大な情報処理が必要になるため、各分野で少数の専門家が階層秩序の頂点に立って全体のトレンドに影響を与えていくということが問題となる。

その原因としては、ある意見や情報を信じる人の数が一定の割合に達すると、自分の意見や情報がないものは確信者の持つ意見や情報に流されるというメカニズムがある。であれば、一般人に専門知を解説する解説者の存在が解決策となる。

「一人の人間が持つ知性が一体どんな意味を持ちうるのか」という問いの答えは、一部の専門家たちによってある分野の意思決定が行われることを防ぎ、多様な立場の人が持つ知見を集合知として問題解決につなげる基礎という意味を持つということになる。

解答ポイント

「問題解決」の「小論文の書き方」

序論　第1段落

① 「問題発見」＝「理想」と「現実」の差を説明します。

本論　第2段落

② 「原因分析」を説明します。

③ 「解決策」を説明します。

結論　第3段落

④ 「問い」の「答え」を書きます。

現代の諸問題に対して、多様な立場の一般人が持つ知見を集合知として問題解決につなげたいのだが、複雑化するそれぞれの専門分野で膨大な情報処理が必要になるため、各分野で少数の専門家が階層秩序の頂点に立って全体のトレンドに影響を与えていくということが問題となる。

　その原因としては、それぞれの専門分野の知識が閉じられていることにある。一般人はその専門知に対してアクセスすることができない。であれば、一人ひとりが何かの専門家になり、その専門分野の問題解決に注力するのが解決策となる。

　「一人の人間が持つ知性が一体どんな意味を持ちうるのか」という問いの答えは、一人の人間の持つ知性は各専門分野の問題を解決するという意味を持ちうるというものである。

減点ポイント

① 「原因分析」が間違っています。
② 「問題」の「解決策」になっていません。

第**7**講 「複数資料問題」の考え方

　今回は複数資料の問題を取り上げます。総合政策学部や環境情報学部では、複数の資料の読解が求められますから、それぞれの資料がどういう関係にあるのかを考えながら資料を分析する方法を学びましょう。

┃ **Point** 「複数資料」の分析 ┃

設問文で問われていることを探しながら解答のポイントをチェックする。

　複数の資料は当然それぞれ別の目的で書かれています。ですから、「筆者の主張と根拠を捉えましょう」という「議論型」の読み方では読むことが難しいでしょう。ですから、問いに答えるためのヒントを探すという「問題解決型」の読み方をするようにしてください。資料はあくまで材料であり、最も重要なのはその資料を選んだ意図、つまり設問を作った出題者の意図なのです。

　ですから、複数資料を読むときは必ず「設問をチェックして、目的をもって読む」ということを心がけてください。

┃ 今までの復習 ┃

　今までにやった「問題解決型」のポイントをもう一度復習しておきましょう。まずは「問題解決型」とは何だったかを思い出してください。

① 「問題発見」＝「理想と現状との差」を知る
② 「原因分析」＝なぜその「問題」が生じているのか、「原因」を分析する
③ 「解決策」　＝「問題」の「原因」を取り除く方法を考える

　次に「慶應小論文」の重要なポイントであった「原因分析」について確認しましょう。

Point **因果関係のポイント**

「因果関係」を検証して構築する

「因果関係（X だから Y）」の条件

①X と Y の共変関係（X と Y の相関関係）
②X と Y の時間的順序関係（X が先で Y があと）
③もっともらしい他の原因の排除

「因果関係の検証」

「原因」かなと思ったら「否定」してみる
①「原因」を「否定」したら「結果」が導かれない→「因果関係あり」
②「原因」を「否定」しても「結果」が導かれる→「因果関係なし」

　それでは、実際の問題をやっていきましょう！　総合政策学部の問題です。

実践問題 7 ▶ 総合政策学部・2017 年

　総合政策学部は、環境情報学部とともに、問題発見・解決を理念としています。問題が個人の問題であれ、企業や NPO や政府の組織の問題、社会の問題や国際的な問題であれ、問題発見・解決を行うためには、まず、問題がきちんと把握（発見）されることが必要です。そして次に必要なのは、原因の分析です。問題が把握されても、問題の原因がわからなければ、解決策を提案することは難しいからです。また、一つの問題の原因を分析した結果、問題自体の定義を変更する必要性が生じたり、あるいは分析の結果将来予測が可能になり、別の問題が発見できたりすることもあります。ですから、原因を分析するということは、問題発見・解決の重要なプロセスの一つだということになります。将来、どんな道を選ぶにしても、原因分析の基本的な考え方や手法を、大学時代に身につけておく方が良いでしょう。

　以下の問いに答えてください。

問1　因果関係と相関関係とはどう違いますか。また、相関関係から因果関係に迫るには、何をすればよいですか。資料1〜4を読んで、自分の言葉で要約してください。300 字以内

問2　図1は都道府県の成人男性（65 歳未満）の糖尿病の死亡率（人口 10 万人当たり死亡人数）と平均年収（万円）を散布図にしたものです（データは仮想です）。各都道府県の年齢構成は同一となるよう調整してあります。ここでは糖尿病の死亡率が最終的な結果だとします。問1の回答および資料5〜7を踏まえ、必要に応じてさまざまな要因を加え、糖尿病の死亡率と平均年収の間の関係の構造を図示してください。因果関係を示す時には、A（原因）→ B（結果）、相関関係を示すときには A ⟷ B とします。A が増える時、B も増えるなら⊕、A が増える時、B は減るなら⊖をつけて表してください。数式化して表現しても構いません。なお、図示化の例は資料3の中にあります。

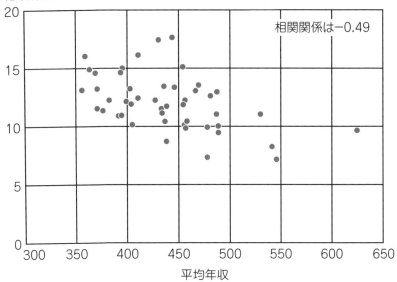

図1

糖尿病死亡率

相関関係は－0.49

平均年収

注）糖尿病とは、膵臓から出るインスリンというホルモンの作用が低下した
ため、体内に取り入れられた栄養素がうまく利用されずに、血液中のブドウ
糖（血糖）が多くなっている状態です。Ⅰ型（インスリンが出ないタイプ）
とⅡ型（インスリンが出ても、肥満などにより作用が出にくいタイプ）に分
かれますが、日本の糖尿病患者の95％がⅡ型です。回答に当たっては、全患
者がⅡ型糖尿病であると仮定してください。

問3　問2で示した相関関係や因果関係の構図をわかりやすく文章で説明し
　　　てください。500字以内

資料1　順問題と逆問題

1　原因から結果を予測する、これが順問題。それに対し、結果から原因を探る。これが逆問題である。

2　たとえば、水の中にインクを落とす。水の流れなり渦なりの知見から、インクの拡散する様を理解する。これは順問題である。しかし、より興味深いのは、インクが拡散する紋様を見て流れや渦が水面下でどうなっているかを知ることであろう。この思考の方向は、どうなるのかではなくなぜそうなるのかに在り、謎解きに似る。

3　17世紀にニュートンが物体の運動の力と加速度による記述を発見して以来、数学は自然現象の理解に有用な言語と演繹法を提供してきた。しかし、原因から結果を導くという形で科学に貢献するのが主流であった。そして、科学は現象を理解し、それを予測に役立てる方向で進化してきた。

4　だが、古典物理で説明不可能な現象が顕在化しその限界が意識され始めた19世紀末頃から、数学や数理物理学の分野で逆問題の発想による研究が、おのおの孤立した成果ではあるが散見されるようになる。そして、これらは次第に「逆問題」として括られ、その発想法は諸科学や工学の世界に広く浸透するようになった。

5　科学者が圧倒的な意識改革を迫られた場面場面に、逆問題は関与してきた。たとえば、プランクのエネルギー量子発見、恐竜絶滅に対するアルバレスらの隕石衝突説、ストンメルらの海の流れの研究、これらはすべて、実は逆問題の発想による。

参考文献（一部編集・改変）上村豊『逆問題の考え方―結果から原因を探る数学』講談社（2014）

資料2　因果関係の難しさ

[1]　ある事柄を原因として、ある結果が生じる場合、因果関係があると一般的に言います。今、腕時計を金づちで叩くことをイメージしてみます。強く叩いたら当然、腕時計は壊れます。この場合、金づちで叩いたことが原因、腕時計が壊れたことを結果とする、因果関係があると言えます。この場合には、比較的容易にそう言えるようなのですが、それはなぜでしょうか。

[2]　まず、この例では、原因も結果も実際に同時に観察しています。原因が結果に先行しており（叩く前には壊れない）、原因と結果の間に空間的・時間的近接性があります（叩いた場所と異なるものが壊れるのではないし、強く叩いてから数年後に壊れるのでもない）。そして、一定以上の力で叩けば必ず毎回腕時計は壊れるはずであり（これを難しい言葉で表現すると、恒常的連結性があると言います）、しかも、力の入れ方と壊れ方との間には、力を強くすれば壊れ方がひどくなるという、相関関係があります。さらに、どうやって測定するかを考えると、壊れ方の方にはやや主観的な評価が入りますが、力の入れ方はニュートンという単位できちんと測ることができます（1ニュートン＝1キログラムの質量をもつ物体に1メートル毎秒毎秒（m/s²）の加速度を生じさせる力）。そして何よりも、疑問が出てきたら、繰り返し実験して確かめることができます。このような場合には、因果関係を認定することは比較的容易だと思われます。

[3]　でも、世の中の多くの問題では、これほどうまくはいきません。まずは、たいていの場合、結果は観察できても原因は簡単には観察できません。たとえば、車のエンジンの調子が悪いという結果はわかっていても、その原因は複数あるはずであり、どれが本当の原因なのかは、いろいろと調べ、推論しながら突き止める必要があります。次に、原因と結果の間に時間的乖離がある場合も少なくありません。糖尿病にかかったという結果の原因の一つとして、カロリーの過剰摂取がありますが、糖尿病であるという結果は一時点で確定できても、原因の方は長い間の食生活の積み重ねにあります（時間的近接性がない）。しかも、長い間カロリーを過剰摂取していても、糖尿病にならない人もいます（恒常的連結性がない）。ですから、（どんな人に対しても）カロリーの過剰摂取は糖尿病の原因であるかどうか（特定病因論）という問題ではなく、カロリーの過剰摂取は糖尿病のリスクを高めるか（確率的病因論）

という集団の問題に転換して、因果関係を考えざるを得ません。また、糖尿病の原因としては、食生活のほかにも遺伝的要因等もあるはずです。原因が一つでない場合には、原因同士はどういう関係にあるのか（原因構造）ということも問題になってきます。

④　考えている対象が社会における人間行動になると、個々人の自由意志や相互作用も関係するので、より難しくなります。株価や為替の値動きを考えれば理解しやすいでしょう。一般的に、為替は国力を反映すると言われますが、為替はさまざまな出来事を反映して複雑な動きを示します。

⑤　このほかにも、原因となるものが客観的に測定可能か、可能であってもデータが入手可能かという問題もあります。また、物理の問題と違って、社会問題の多くは実験することが、実際にも倫理的にも難しい状況がほとんどです。たとえば、国の債務残高が膨張すると財政破綻がもたらされるのか、あるいは核兵器の保有は安全保障上の抑止力になっているかというような疑問や仮説に対して、実験をして確かめることはできないでしょう。

⑥　このように因果関係をめぐる困難を列挙すると、気が滅入ってくるかもしれませんが、ある程度のデータが入手可能なら、統計的に因果関係に迫るという方法もあります。

資料3　因果関係と相関関係

1　コーヒーマシンの職場導入を推進している会社から「コーヒーを飲むと生産性が上がりますよ」と言われたので、話を聞きました。営業マンは、「コーヒー1杯（150ml）には100mgのカフェインが含まれており、カフェインには、自律神経である交感神経を刺激してエネルギー消費を促進し、集中力を高める効果があります。だから、職場にコーヒーマシンを導入すれば生産性が上がりますよ」と言います。そして、図2のようなデータを見せてくれました。

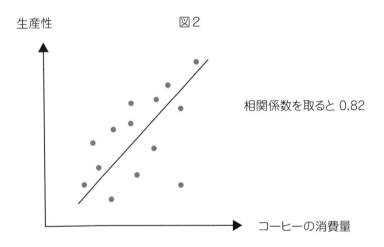

図2

生産性

コーヒーの消費量

相関係数を取ると 0.82

2　このデータは、多数のオペレータを雇って電話セールスをしている会社のオペレータ・グループの生産性（セールス獲得率）とそのグループの1日のコーヒーの消費量を散布図にしたものです。これを見ると、コーヒーの消費量と生産性という二つの変数の間には正の相関関係があることは明らかです。コーヒーの消費量の多いグループほど生産性が高いと表現できるかもしれません。それでは、職場にコーヒーマシンを導入して、職員にコーヒーを飲ませれば、生産性が上がると言えるのでしょうか？

3　実は、このような相関関係を示した散布図から、因果関係を想定するには注意が要ります。問題が少なくとも二つあります。最初の問題は、因果（原因と結果）の方向の問題です。仮に生産性の代わりに「私の気分」、コーヒー

の消費量の代わりに「その日の気圧」であったら、気圧のレベル（原因）によって私の気分が変化する（結果）と言えます。私の気分が変わっても気圧が変化することはあり得ないからです。図のように縦軸に生産性、横軸にコーヒーの消費量を取ると、あたかもコーヒーを飲むと生産性が上がるように見えますが、縦軸と横軸を転換してみてください。その場合の自然な解釈は、仕事を一生懸命行って生産性を上げると、（疲れるので）コーヒーをより多く飲むというものです。逆の因果関係です。ですから、コーヒーをより多く飲んだからと言って、生産性が上がるとは限りません。

4　このように、相関関係は二つの事柄の関係を記述するだけで、因果の方向までは決めてくれないのです。冒頭のセールスマンの詳しい説明は、コーヒーの消費→生産性の上昇の根拠となる因果のメカニズムを示したものですが、反対の因果の方向の説明では、生産性の上昇→コーヒーの消費という別の因果のメカニズムが提供されていることになります。この場合、少なくとも生産性の上昇とコーヒーの消費量の上昇のどちらが時間的に先行しているのかの確認が必要です。

5　もう一つの問題は、コーヒーの消費量と生産性の間の相関関係が見せかけにすぎない可能性です。たとえば、各オペレータ・グループにグループの業績管理をしているリーダーがいるとします。リーダーの業績に対する意欲は様々だとします。意欲あふれるリーダーがいるグループではメンバーは一生懸命仕事をするので、生産性が上がります。一方、意欲あふれるリーダーが必死に業績管理をすれば、グループのメンバーにはストレスがたまり、それを解消するためにコーヒーを飲むようになるかもしれません。この場合には、リーダーの業績管理の意欲と生産性、リーダーの業績管理の意欲とコーヒーの消費量との間には因果関係がありますが、コーヒーの消費量と生産性の間の相関関係は（少なくとも部分的には）見せかけだということになります。この場合、見せかけの相関を生んだのは、「リーダーの業績に対する意欲」という要因ですが、これは当初の生産性とコーヒーの消費量という二つの変数だけを考えていた場合に比べると隠れていたことになります。このような要因を潜在変数と言います。性別や年齢、時間の経過などが代表的な潜在変数です。もっとも、このような潜在変数がある場合でも、コーヒーの消費量と生産性の間に因果関係が残っている場合もあります。

6　さらに問題なのは、このような潜在変数はいろいろ考えることができるこ

とです。たとえば、会社の社長が全社員を前に、会社のビジョンを語り、熱心に社員の動機付けをしているとします。このような動機付けは、「リーダーの業績に対する意欲」だけでなく、職員の動機付けも強化しますし、これらがコーヒーの消費量と生産性の双方に影響することも考えられます。このように複雑になってくると、因果関係に関するモデルを作る必要が出てきます。下に因果関係に関する構造図の例をあげておきます。

図3

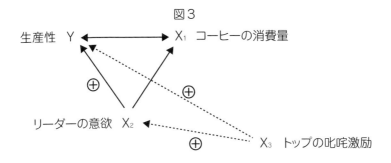

資料4　身体的特徴と出世

[1]　アメリカのビジネスの世界では、肥満や喫煙習慣は出世にとって不利だとよく言われる。太っていることは、喫煙をやめられないことと同様、自分をコントロールできないことの証拠であり、エリート・ビジネスマンに必要な自己管理能力の欠如を示しているとみなされ昇進する上で不利になる、ということらしい。そこまで言わなくてもよいではないかとも思ってしまう。身体的特徴に基づく不当な差別である、という批判が出てくるのも当然かもしれない。しかし、これについての当否はともかく、身体上の特徴が原因となって出世や所得に影響が出るという因果関係は、はたして現実に存在しているのか。

[2]　歴史をさかのぼると、社会的身分が体格に影響するという逆の因果関係の方がむしろふつうに存在していた。どの国でも、昔は身分の高い人ほど体格が良かった。彼らの栄養状態が良かったからである。たとえば、昔はイギリスの上流階級の人は、庶民より優に頭一つぶん背が高かったから簡単に見分けがついた。十九世紀初め、イギリスの王立士官学校に入学した平均十四歳の上流階級の少年たちは、同年齢で海軍に入隊した労働者階級出身の新兵に比べて二五センチメートルは背が高かったという。ずいぶんな違いである。

[3]　現代のアメリカで、肥満への差別ということが問題になっているということは、庶民階級が食べるに困るほど貧しかった時代は少なくとも先進国では過去のものとなった、ということを意味するのだろう。それはそれで、喜ばしいことである。

[4]　なぜ身長のような身体的特徴と出世との間にこのような相関関係が観察されるのだろうか。背が高いと周りから信頼感を得やすく、仕事上のパフォーマンス（実績）も自ずとよくなるからだろうか。あるいは、自分に自信を持つために仕事にも積極的になって成功するからだろうか。このような推論は、実際に身長が所得に影響を及ぼしていることを想定している。しかし、もしかすると身長が高いということは、子どものころから裕福な家庭に育って栄養状態が良かった結果であり、また裕福な家庭であったから高い教育を受けることができて、現在の所得も高くなっているのかもしれない。それならば、背の高さは所得を決める本当の原因ではないことになる。

[5]　後者の例では、本当に所得に影響しているのはその人が裕福な家庭に生ま

れたことである。つまり、親の所得が原因であり、観察された身長と所得の相関関係は単に見掛け上のものということになる。このような関係は、「偽の相関」とも呼ばれる。因果関係があると言えるためには、親の所得のような他の変数が同じ値をとったとしても、なおかつ身長が本人の所得に影響を及ぼしていることが必要である。他の変数の影響をそろえる、すなわち統制（コントロール）した上でも、相関関係が確認できなければならない。

参考文献（一部編集・改変）久米郁男『原因を推論する―政治分析方法論のすゝめ』有斐閣（2013）

資料5　自制心と欲求充足

1　発端は、1960年代にスタンフォード大学のビング保育園で行なった単純な実験で、学生たちと私は、園児たちにとっては厳しいジレンマを突きつけた。報酬一つをただちにもらうか、一人きりで最長20分待って、より多くの報酬をもらうかの、どちらかを選ばせたのだ。たとえば、エイミーは、ほしければすぐに食べられるマシュマロ1個と、待てばもらえる2個のマシュマロと向かいあって、一人でテーブルに着く。マシュマロの脇には卓上ベルがあり、いつ鳴らして研究者を呼び戻し、1個のほうのマシュマロを食べてもいい。だが、研究者が戻るまで20分待ち、それまで席を離れたりマシュマロを食べ始めたりしていなければ、2個のほうがもらえる。子どもたちがベルを鳴らすのを我慢しようと悪戦苦闘する様子は涙ぐましく、彼らの創意工夫には思わず拍手して声援を送りたくなり、幼児さえもが誘惑に耐え、あとでご褒美をもらうために我慢する能力を秘めているのだと思うと、新鮮な希望が湧く。

2　未就学児たちが待ち続けようとして何をし、欲求の充足の先延ばしにどうやって成功したか、あるいは失敗したかからは、意外にも、彼らの将来について多くが予想できることがわかった。4歳か5歳のときに待てる秒数が多いほど、米国の大学進学適性試験の点数が良く、青年期の社会的・認知的機能の評価が高かった。就学前にマシュマロ・テストで長く待てた人は、27歳から32歳にかけて、肥満指数が低く、自尊心が強く、目標を効果的に追求し、欲求不満やストレスにうまく対処できた。中年期には、一貫して待つことのできた（先延ばしにする能力の高い）人と、できなかった（先延ばしにする能力の低い）人では、中毒や肥満と結びついた領域の脳スキャン画像ではっきり違いが見られた。

3　この自制する能力は民族によって異なるのだろうか。私はある年の夏を、トリニダード島の南端にある小さな村のそばで過ごした。島のこのあたりの住民は、アフリカ系かアジア系のどちらかで、その祖先は奴隷か年季奉公人としてこの地にやってきた。どちらのグループも、一本の長い泥道を挟んで、それぞれ別の側に建てた家々で平和に暮らしていた。

4　私は近隣の人たちを知るにつれ、彼らが語る自らの生活の話に魅了された。また、二つのグループが互いに相手の特徴をどう捉えているかには、一貫性

があることに気づいた。アジア系の住民によると、アフリカ系の人は快楽のことしか頭になく、衝動的で、楽しい時間を過ごして後先のことを考えずに暮らすのに熱心で、将来についてはあらかじめ計画も立てなければ、考えもしないという。一方、アフリカ系の住民の目に映るアジア系の人は、いつも将来のためにあくせく働き、人生を楽しむこともなく、せっせとお金をマットレスの下にため込んでいる。両者の説明を聞くと、有名なイソップのアリとキリギリスの寓話を思い出さずにはいられなかった。無精で快楽主義のキリギリスは、夏の日差しの中、あたりを跳ね回り、幸せそうに鳴き声を上げ、今、この瞬間を楽しんでいるのに対して、心配性で働き者のアリは、冬に備えて食糧集めに精を出す。キリギリスが快楽にふける一方、アリはあとで生き延びるために、欲求充足を先延ばしにしている。

5　親たちから聞かされていた固定観念を裏づけるように、トリニダード島のアフリカ系の子どもはたいてい即時の報酬を好み、アジア系の家庭の子どもは先延ばしにした報酬を選ぶことがずっと多かった。だが、たんにそれだけのはずがない。父親不在の家庭（当時、トリニダード島のアフリカ系住民の間ではありふれていたが、アジア系ではごく稀だった）の子どもは、約束を守る男性に接したことがあまりなかったのかもしれない。もしそうなら、見知らぬ人（私）が約束した先延ばしの報酬を持ってあとで現われるとは信じにくいはずだ。「あとで」が現実のものとなるという信頼がないかぎり、「今すぐ」を見送るまっとうな理由はない。事実、男性が一緒に暮らしている家庭の子どもだけに注目して2つの民族グループを比較すると、両者の違いは消えてしまった。

参考文献（一部編集・改変）ウォルター・ミシェル　柴田裕之訳『マシュマロ・テスト―成功する子・しない子』早川書房（2015）
（原典）The Marshmallow Test: Mastering Self-Control by Walter Mischel, Copyright © 2014. All rights reserved. Originally published by Little, Brown and Company.

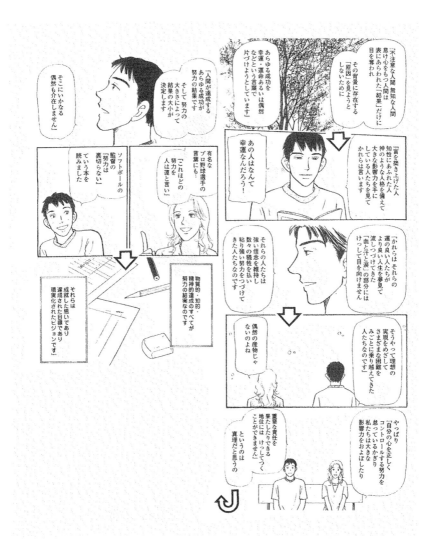

参考文献（一部編集・改変）原作：ジェームズ・アレン　潤色・脚本：小山高生
作画:高見さちこ『「原因」と「結果」の法則　コミック版』サンマーク出版（2009）

資料7　社会疫学

⬜1　個々の社会が持っている社会構造はその社会における有利と不利の分布を
生じ、この分布が社会における健康と疾病の分布を形成する。社会疫学は、
こうした社会構造―個人―健康および疾病の関連を多重レベルからなる相互
関係としてとらえようとする点に特色がある（図4）。

図4

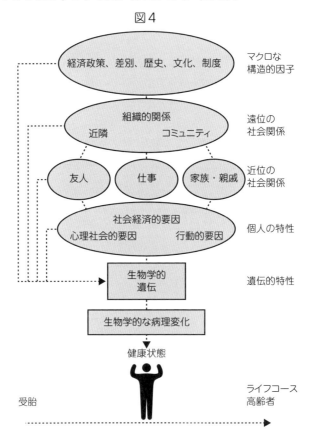

注）社会構造因子がさまざまな媒介変数を経て健康・疾病を生じる。これら
　のプロセスは生涯を通じて蓄積、影響する。
出 典）Kaplan GA：What's wrong with social epidemiology, and how can
　we make it better? Epidemiologic Reviews 26：124-135,2004（pp.127,figure4）.

2　社会疫学では、身体的・心理的・社会的な側面を統合した視点（bio-psychological paradigm）を重要視する。現代医学が多くは生物学的なメカニズムに注目している。しかし、社会構造が人の健康に影響を与える経路を理解するためには、これに加えて、心理社会学的な視点が不可欠である。ストレス科学の進展にともない、生活上の出来事や日常的な困難などの心理的な刺激（ストレッサー）によって、視床下部―下垂体―副腎を介したアドレナリン放出および交感神経興奮を介したノルアドレナリン放出を通じて、心拍、血圧、血糖値、免疫能などの身体機能に影響が及ぶことが明らかとなっている。また人の行動が学習や社会規範によって影響を受けることは、行動科学・心理学、社会心理学の研究の蓄積から明らかになっている。これらから、社会構造はそれに応じた特徴的な社会環境や労働環境、あるいは物質的環境をその社会内に形成し、これが人の心理および行動に影響を与え、これらが神経内分泌学的な経路を介し、あるいは直接に人の身体に変化を生じると考えられている。社会疫学はこうしたモデルに基づいて、社会構造が健康に及ぼす影響を明らかにしようとしている。

3　たとえば、経済的水準の低さや貧困が健康状態の悪さや疾病の発生に関係していることは古くから知られている。経済的水準と健康の関係は、国間の比較において顕著に観察される。例えば、世界銀行の報告では、1人あたり国民総生産（GNP）と平均寿命の間には明らかな相関関係があり、GNPが増えると平均寿命は増加する。この関係は特にGNPの低い国々で顕著である。貧困は、衣服、食物、住居、医療など健康にとって必要最小限度の必需品へのアクセスを制限し、これによって健康の悪化を招くであろうことは十分に理解できる。貧困による生活必需品の入手困難がなくとも、収入の水準により得られる、バランスのとれた栄養、快適な持ち家、自家用車の所有などの豊かさは連続的に健康に関連しているのかもしれない。こうした物質的な豊かさは、社会心理的な満足を通じて健康に寄与する可能性も指摘されている。

4　また、社会関係資本と健康の関係も議論されている。社会関係資本は、ある社会における相互信頼の水準や相互利益、相互扶助に対する考え方（規範）の特徴と定義されている。社会関係資本は、相互信頼など、集団の社会的活動の基本構造である。人間関係資本は、個人を支え、集団としての行動を促進する働きを持っており、また個人的な利益ではなく公共の利益を生み出す点に特徴がある。ある研究者グループは、米国の36州で実施された世論調査

から、「たいていの人は機会があれば自分を利用しようとしている」と回答した住民の割合を求め、これと各州の年齢別死亡率の間の相関を検討した。他人が自分を利用しようとしていると回答した者の割合が多い州ほど、年齢別死亡率が高かった。この結果から著者らは社会的な信頼感が健康に影響を与えている可能性があるとしている。

⑤　さらに、社会疫学では、社会構造が人の生涯のごく初期にもたらす影響や、生涯の期間を通じて蓄積的に作用する影響が、人の健康を決定する要因であるというライフコースの視点も重視している。ライフコース疫学は「胎児期、幼少期、思春期、青年期およびその後の成人期における物理的・社会的曝露による成人疾病リスクへの長期的影響に関する学問」と定義される。ライフコース・アプローチによる疾病要因の相互の因果関係は図5に示す4つのモデルを用いることが多い。大まかに分けて、モデル（a）とモデル（b）はリスクの蓄積モデル、モデル(c)とモデル(d)はリスクの連鎖モデルである。

⑥　このうち、モデル（a）は異なるタイミングにおいてさまざまな独立したリスクが蓄積して疾病発症にいたるモデルである。たとえば、成人期の高血圧を、幼少期における鉛の曝露₁、学童期における運動不足、青年期におけるアルコール摂取により発症するというモデルを立てることができる。モデル（b）はリスクが1つの大きな要因から派生しており、集積化している点で異なる。たとえば、喘息は貧困という大きな要因から派生した喫煙曝露、服薬コンプライアンス₂の低さ、犯罪の多い地域という住環境で病院にアクセスしにくい、という要因によって発症した、というモデルを立てることができる。モデル(c)は要因Aによって要因Bがおき、要因Bによって要因Cがおき、そして疾病が発症するというモデルである。この連鎖反応は決定的なものである必要はなく、確率が高いつながりであればよい。モデル（c）はさらに、個々の要因が独立に疾病発症に影響するというモデルである。たとえば、心疾患を引き起こすモデルとして職場での長時間労働（A）により運動不足になり（B）、それによって肥満になった（C）というケースを考えた場合、リスクは連鎖しながらもA、B、Cのどれもが心疾患を引き起こすリスクとなっている。この場合、それぞれのリスク要因が発症に付加効果（additive effect）をもたらしているので、リスクの蓄積の一種と考えることもできる。モデル（d）は、最後の要因（C）のみが疾病発症の直接的要因であって、それ以前の要因（A、

B) は疾病発症に影響しない場合のモデルである。たとえば、親を亡くし（A）、ギャングと付き合うようになり（B）、薬物乱用をした（C）場合に HIV を発症するが、HIV に感染する直接の要因は C のみである。これは引き金効果（trigger effect）と呼ばれる。

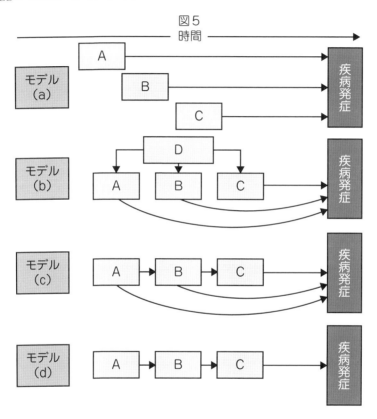

図5

参考文献（一部編集・改変）川上憲人・小林廉毅・橋本英樹［編］『社会格差と健康―社会疫学からのアプローチ』東京大学出版会（2006）と川上憲人・橋本英樹・近藤尚己［編］『社会と健康―健康格差解消に向けた統合科学的アプローチ』東京大学出版会（2015）

1　ばくろ：さらされること
2　医師・薬剤師の指示通り、きちんと服薬すること

問 1

問 2

問 3

本文読解

●資料1 順問題と逆問題

順問題は原因から結果を予測するのに対し、逆問題は結果から原因を探る。17世紀以降の数学は原因から結果を導くという形で科学に貢献した。また、科学は現象を理解し、それを予測に役立てる方向で進化してきた。

だが、古典物理で説明不可能な現象が顕在化しその限界が意識され始めた19世紀末頃から逆問題の発想による研究が散見されるようになった。

●資料2 因果関係の難しさ

「因果関係」を認めるときの条件

①原因と結果が実際に同時に観察されること（空間的・時間的近接性）

②原因が起こると必ず結果が起こること（恒常的連結性）

③一方が変化するともう一方も変化するという相関関係があること

④客観的に評価できること

⑤疑問が出てきたら繰り返し実験して確かめることができること

「因果関係」を認めるためにはさまざまな条件があるが、世の中の多くの問題ではそれらの条件が揃うことはない。よって、データを揃えて統計的に因果関係に迫るという方法がとられる。

●資料3 因果関係と相関関係

相関関係がある2つの事象に因果関係を想定する場合の注意点

①「X → Y」とは逆の因果関係「Y → X」の可能性がないか

②他の要因（潜在変数）による「見せかけの相関関係」の可能性がないか

③他の要因が複数ないか

●資料4 身体的特徴と出世

因果関係があると言えるためには、他の条件が同じだったとしても、相関

関係が成立している必要がある。他に本当の原因がある相関関係である「偽の相関」に騙されないように他の条件（要因）に十分注意しなければならない。

●資料５　自制心と欲求充足

　幼少期に待てる秒数が多いほど、肥満になりにくい。トリニダード島の南端にある小さな村にはアジア系とアフリカ系の２つのグループがある。アジア系の住民によるとアフリカ系の住民は快楽主義で無計画である。アフリカ系の住民によるとアジア系の住民は楽しむことなく貯蓄ばかりしている。待てる能力には民族という要因があるのかと思われるかもしれない。

　しかし、そうではなく、約束を守る大人の男性と一緒に暮らしていると、待つ能力が身につく。幼少期に待つ能力を身につけておくと、肥満になりにくいのだ。男性と一緒に暮らしている家庭の子どもに注目して２つのグループを比較すると、両者の違いは消えてしまった。

●資料６　原因と結果の法則

　「業」「カルマ」という考え方においては、原因は前世にあるため自分の意思ではどうにもならない。それに対し「因果律」という考え方においては、原因は自分の思いだから、自分でコントロールできる。

　思いが原因で、行いが結果である。すべての結果が必然であり、幸運、運命あるいは偶然はない。良い結果を得るためには自分の心を正しくコントロールする努力が必要だ。

●資料７　社会疫学

　社会疫学とは人間の健康状態を考える際に生物学的メカニズムに加えて、心理社会学的な視点が不可欠であるとするものである。社会環境や労働環境、あるいは物質的環境からなる社会構造が健康に影響を及ぼすというものである。また、相互信頼の水準や相互利益、相互扶助に関する考え方である社会関係資本も健康状態に影響を与える可能性がある。さらに、社会疫学では社会構造が人の生涯の期間を通じて蓄積的に作用する影響が、人の健康を決定する要因であるというライフコースの視点も重要視している。

設問解説

問1

ステップ1 設問条件を確認

┌─ **設問文** ─────────────────────────────

　因果関係と相関関係とはどう違いますか。また、相関関係から因果関係に迫るには、何をすればよいですか。資料1〜4を読んで、自分の言葉で要約してください。

└──────────────────────────────────────

解答しなければいけないポイントは次の2つです。

①因果関係と相関関係はどう違いますか
②相関関係から因果関係に迫るには、何をすればよいですか

そして設問条件は次の2つです。

①資料1〜4を読んで
②自分の言葉で要約してください

以上より、これはかなり「現代文」に近い問題だということがわかります。読み取りがすべてと言って差し支えないでしょう。

「自分の言葉」という条件

ここで気になるのが「自分の言葉」という条件です。これは本文の言葉ではうまくまとめることができない場合に、設定される条件です。「本文の言葉」で要約に使えない言葉は覚えておきましょう。

　これらには共通点があります。それは「本文を読んでいない人にはわからない」ということです。「本文を読んでいない人にはわからない」表現は要約問題や説明問題の解答に入れないようにしてください。

ステップ2　資料を読む

　資料１は「順問題と逆問題」という２つの問題の「差異」について説明しています。今回捉えたいのは「相関関係と因果関係」ですから、どちらが重要なのかを考えるのです。すると順問題は「どうなるのか」という問題であるのに対し、逆問題は「なぜそうなるのか」という問題であることがわかります。したがって、今回の設問「因果関係」に関係してくるのは「逆問題」だということがわかります。

　ただし、「逆問題」という言葉は筆者の「個人言語」ですから、「自分の言葉」という条件を踏まえて、解答には入れないようにしましょう。

資料１の要旨

　「因果関係」を考える問題は「逆問題」つまり「なぜそうなるのか」を考える問題である。

　資料２は「因果関係」があることを確認する難しさについて述べています。どういう場合に「因果関係」があると言えるのかというと、次の条件を満たす場合です。

　①原因と結果が実際に同時に観察されること（空間的・時間的近接性）
　②原因が起こると必ず結果が起こること（恒常的連結性）

③一方が変化するともう一方も変化するという相関関係があること
④客観的に評価できること
⑤疑問が出てきたら繰り返し実験して確かめることができること

　しかし、世の中の多くの問題はこれらの条件をすべては満たしていないのです。ですから、ある程度のデータが入手可能なら統計的に因果関係に迫るという方法もあります。

┌ **資料２の要旨** ─────────────────────────────
│　「因果関係」を認めるためにはさまざまな条件があるが、世の中の多く
│ の問題ではそれらの条件が揃うことはない。よって、データを揃えて統計
│ 的に因果関係に迫るという方法がとられる。
└──────────────────────────────────────

　資料３は相関関係がある２つの事象（Ｘ＝コーヒーの消費量、Ｙ＝生産性）に因果関係を想定するときの注意点について述べた文章です。
　相関関係がある２つの事象に因果関係を想定する場合の注意点は

①「Ｘ → Ｙ」とは逆の因果関係「Ｙ → Ｘ」の可能性がないか
②他の要因（潜在変数）による「見せかけの相関関係」の可能性がないか
③他の要因が複数ないか

の３つです。

┌ **資料３の要旨** ─────────────────────────────
│　相関関係がある２つの事象に因果関係を想定する際には、「逆の因果関
│ 係」「他の要因」がないかに注意しなければならない。
└──────────────────────────────────────

　資料４は「因果関係のない相関関係」＝「偽の相関」について述べた文章です。筆者の主張は

「因果関係があると言えるためには、他の条件が同じだったとしても、相関関

係が成立している必要がある。」

　というものです。「偽の相関」に騙されないように「他の条件（要因）」に
十分注意しなければならないというもので、今までの資料とほぼ同じような
ことを言っています。

資料4の要旨

　因果関係があると言えるためには、他の条件が同じだったとしても、相
関関係が成立している必要がある。

　ここで記述解答を書くときの注意点を記します。
　この文章には、「身体上の特徴」「肥満」「身長」「変数」「値」のような「具
体例」や「比喩表現」が多々出てきますが、これらの表現は解答には使わな
いようにしましょう。設問でわざわざ「自分の言葉で」という条件がついて
いるのは、これらの表現を解答に入れてはいけませんよ、ということを示唆
しているのです。

ステップ3　解答を書く

　では、以上をまとめて解答を作りますが、「差異」を表現するときの「差異
のフレームワーク」について学びましょう。「差異」を説明する問題は「現代
文」「小論文」では多々出題されますが、その説明の仕方を知っておかないと、
「読めているのに書けない」という珍妙な事態を招きます。ですから、「差異
のフレームワーク」はしっかりと覚えておいてください。

Point　「差異」のフレームワーク

① AはXであるのに対し、BはYである。
② AはXのみであるのに対し、BはXかつYである。

　まず一般的な「差異」は①「AはXであるのに対し、BはYである」のほ
うです。この場合はXとYが反対概念（否定の関係）になる場合が多いです。

図で表すと、下記のようになります。

例文
「欧米は個人主義であるのに対し、日本は集団主義である」

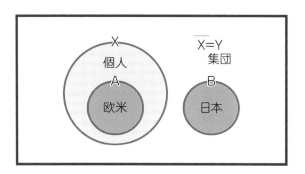

　しかし実は大学入試、それも慶應のような難関大の入試になると、②の「A は X のみであるのに対し、B は X かつ Y である」という説明がよく出題されます。一方、多くの受験生は「差異（対比）」の説明の仕方を①しか知りません。ぜひ②のフレームワークも覚えて他の受験生との差をつけましょう。図で表すと下記のようになります。

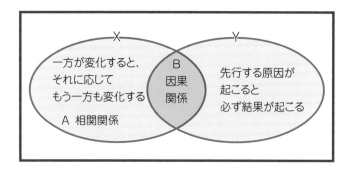

　今回の問題も②のフレームワークですからその部分を意識して書くようにしましょう。

相関関係は相関する事象Ｘと事象Ｙのどちらか一方が変化すると、それに応じてもう一方も変化するだけの関係のことである。それに対して、因果関係は事象Ｘと事象Ｙに相関関係があることに加えて、先行する原因Ｘが起こると必ず結果Ｙが起こる関係があることである。

　相関関係から因果関係に迫るためにはまず、ＸとＹが逆の可能性がないかを確認する必要がある。また、他の原因やＸとＹの両方に影響を与える別の原因が存在しないかどうかを確認する必要がある。ただし、「なぜそうなるのか」と結果から原因を探る問題は難しく、ある程度のデータがある場合には統計や確率を利用して因果関係に迫る方法がとられる。

解答ポイント

① 「ＡはＸのみであるのに対し、ＢはＸかつＹである」という差異の説明になっていなければなりません。

② 「逆の因果の可能性」というポイントを入れましょう。

③ 「他の原因」というポイントを入れましょう。

④ 「なぜそうなるのか」と結果から原因を探る問題は難しいというポイントを入れましょう。

⑤ 「統計や確率を利用して因果関係に迫る」というポイントを入れましょう。

相関関係は相関する事象Xと事象Yのどちらか一方が変化すると、それに応じてもう一方も変化する関係のことである。それに対して、因果関係は先行する原因Xが起こると必ず結果Yが起こる関係があることである。

　相関関係から因果関係に迫るためにはまず、XとYが逆の可能性がないかを確認する必要がある。また、他の原因やXとYの両方に影響を与える別の原因が存在しないかどうかを確認する必要がある。ただし、「なぜそうなるのか」と結果から原因を探る問題は難しく、統計や確率を利用して因果関係に迫る方法がとられる。

ステップ1 設問条件を分析

設問文

図1は都道府県の成人男性（65歳未満）の糖尿病の死亡率（人口10万人当たり死亡人数）と平均年収（万円）を散布図にしたものです（データは仮想です）。各都道府県の年齢構成は同一となるよう調整してあります。ここでは糖尿病の死亡率が最終的な結果だとします。問1の回答および資料5〜7を踏まえ、必要に応じてさまざまな要因を加え、糖尿病の死亡率と平均年収の間の関係の構造を図示してください。因果関係を示す時には、A（原因）→ B（結果）、相関関係を示すときにはA ⟷ Bとします。Aが増える時、Bも増えるなら⊕、Aが増える時、Bは減るなら⊖をつけて表してください。数式化して表現しても構いません。なお、図示化の例は資料3の中にあります。

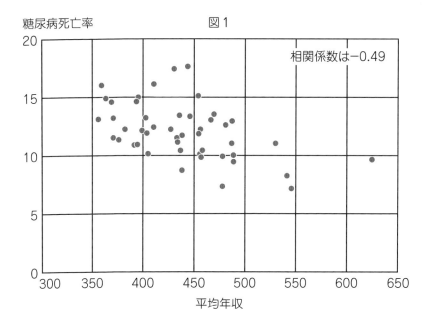

図1

散布図の分析

　まずは図1の散布図の分析をしましょう。散布図を分析するときには、まずはデータを丸で囲んでみましょう。ただし、1つくらい丸の中に収まらなくても構いません。丸の中に収まらないデータを「はずれ値」と言います。「はずれ値」はデータ分析をする際には例外として処理します。

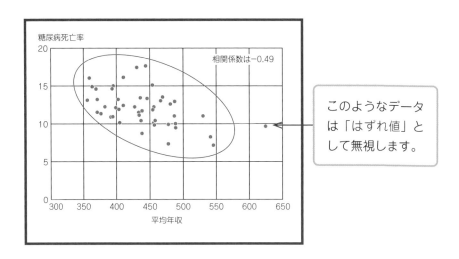

　このような右肩下がりのデータは「負の相関」と言われるものでした。そして相関係数は「−0.49」で丸が太いですから、比較的「弱い」関係です。図2と比較してみましょう。

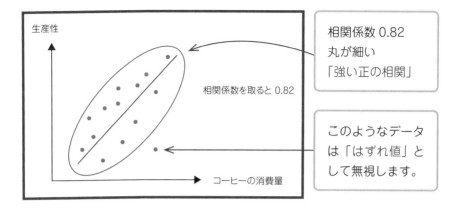

図2は相関係数が0.82となっています。ですから、丸が細いですね。それに対し図1は相関係数が−0.49となっていて丸が太いです。比較すると図2が「強い正の相関」で、図1が「弱い負の相関」ということになります。では図式化してみましょう。

「平均年収」←→「糖尿病死亡率」
⊖

このような「弱い負の相関」に関しては「因果関係」が本当に成立するのかと疑う必要があります。「糖尿病死亡率」を引き上げる本当の原因はなんなのかを考える問題だと言えそうです。

● 糖尿病の原因

今度は「注)」に注目してください。ここには「糖尿病の原因」が書かれています。

注) 糖尿病とは、膵臓から出るインスリンというホルモンの作用が低下したため、体内に取り入れられた栄養素がうまく利用されずに、血液中のブドウ糖（血糖）が多くなっている状態です。Ⅰ型（インスリンが出ないタイプ）とⅡ型（インスリンが出ても、肥満などにより作用が出にくいタイプ）に分かれますが、日本の糖尿病患者の95%がⅡ型です。回答に当たっ

ては、全患者がⅡ型糖尿病であると仮定してください。

　今回のデータにある糖尿病患者はすべてⅡ型糖尿病であると仮定されています。Ⅱ型糖尿病とは「インスリンが出ても、肥満などにより作用が出にくいタイプ」と説明されていました。つまり、今回の糖尿病の原因はひとまず「肥満」ということになりますね。では、図式化してみましょう。

C「肥満」→ B「糖尿病死亡率」

[ステップ2]　**資料の分析**

　では資料5〜7の分析をしましょう。

● **資料5　自制心と欲求充足**

┌─ **本文** ② ────────────────────────────
　未就学児たちが待ち続けようとして何をし、欲求の充足の先延ばしにどうやって成功したか、あるいは失敗したかからは、意外にも、彼らの将来について多くが予想できることがわかった。4歳か5歳のときに待てる秒数が多いほど、米国の大学進学適性試験の点数が良く、青年期の社会的・認知的機能の評価が高かった。就学前にマシュマロ・テストで長く待てた人は、27歳から32歳にかけて、肥満指数が低く、自尊心が強く、目標を効果的に追求し、欲求不満やストレスにうまく対処できた。中年期には、一貫して待つことのできた（先延ばしにする能力の高い）人と、できなかった（先延ばしにする能力の低い）人では、中毒や肥満と結びついた領域の脳スキャン画像ではっきり違いが見られた。

　ここまでを読むと、糖尿病の原因である「肥満」について説明している文章だということがわかります。「幼少期に待てる秒数が多いほど、肥満になりにくい」ということがわかるとよいでしょう。

┌─ **本文** ③〜④ ──────────────────────
　この自制する能力は民族によって異なるのだろうか。私はある年の夏を、

トリニダード島の南端にある小さな村のそばで過ごした。島のこのあたりの住民は、アフリカ系かアジア系のどちらかで、その祖先は奴隷か年季奉公人としてこの地にやってきた。どちらのグループも、一本の長い泥道を挟んで、それぞれ別の側に建てた家々で平和に暮らしていた。

私は近隣の人たちを知るにつれ、彼らが語る自らの生活の話に魅了された。また、二つのグループが互いに相手の特徴をどう捉えているかには、一貫性があることに気づいた。アジア系の住民によると、アフリカ系の人は快楽のことしか頭になく、衝動的で、楽しい時間を過ごして後先のことを考えずに暮らすのに熱心で、将来についてはあらかじめ計画も立てなければ、考えもしないという。一方、アフリカ系の住民の目に映るアジア系の人は、いつも将来のためにあくせく働き、人生を楽しむこともなく、せっせとお金をマットレスの下にため込んでいる。両者の説明を聞くと、有名なイソップのアリとキリギリスの寓話を思い出さずにはいられなかった。無精で快楽主義のキリギリスは、夏の日差しの中、あたりを跳ね回り、幸せそうに鳴き声を上げ、今、この瞬間を楽しんでいるのに対して、心配性で働き者のアリは、冬に備えて食糧集めに精を出す。キリギリスが快楽にふける一方、アリはあとで生き延びるために、欲求充足を先延ばしにしている。

ここまでを読むと、「待てる能力」には「民族」という要因があるのかと思われるかもしれません。しかし、「疑う」ことが重要です。さらに読み進めていきましょう。

┌─ **本文** 5 ─

　親たちから聞かされていた固定観念を裏づけるように、トリニダード島のアフリカ系の子どもはたいてい即時の報酬を好み、アジア系の家庭の子どもは先延ばしにした報酬を選ぶことがずっと多かった。だが、たんにそれだけのはずがない。父親不在の家庭（当時、トリニダード島のアフリカ系住民の間ではありふれていたが、アジア系ではごく稀だった）の子どもは、約束を守る男性に接したことがあまりなかったのかもしれない。もしそうなら、見知らぬ人（私）が約束した先延ばしの報酬を持ってあとで現われるとは信じにくいはずだ。「あとで」が現実のものとなるという信頼がないかぎり、「今すぐ」を見送るまっとうな理由はない。事実、男性が

一緒に暮らしている家庭の子どもだけに注目して2つの民族グループを比較すると、両者の違いは消えてしまった。

　ここまでを読むと、「待てる能力」に「民族」は関係なかったことがわかります。本当の要因は幼少期に「約束を守る男性と接しているかどうか」だったのです。では図式化してみましょう。

「約束を守る男性と日常的に接する」→「待てる」

資料5の要旨

　約束を守る大人の男性と一緒に暮らしていると、待つ能力が身につく。幼少期に待つ能力を身につけておくと、肥満になりにくい。

● **資料6　原因と結果の法則**

　まず「『因果律』と『業』『カルマ』が対になっている」というところから、両者の定義を捉えましょう。

「業」「カルマ」＝「前世の行いの善悪が、現世の幸不幸に影響を与える」
　　　　　　　　　「幸運や不幸がある」
「因果律」＝「思いが原因で、行いが結果となる」
　　　　　　「すべての結果が必然であり、幸運、運命あるいは偶然はない」

　「業」「カルマ」という考え方においては、原因は前世にあるため自分の意思ではどうにもならないものです。それに対し「因果律」という考え方においては、原因は自分の思いですから、自分でコントロールできるのです。
　今回の問題のポイントは「肥満」ですから一見関係ないようにも思いますが、そのような資料にも必ずポイントがあると思ってください。
　資料5によると「待てる能力」が「肥満」に関係しているのでした。であれば、今回の「因果律」の考え方と似ている部分を探してみましょう。すると「自制心」という点で似ていることがわかります。「より良い結果を得るた

めには、自制心が必要だ」という点が資料5と資料6の共通点だということがわかれば、この資料読解ができたことになります。

Point	「複数資料」の読解

　資料同士の「共通点」を考える。

資料6の要旨

　思いが原因で、行いが結果である。すべての結果が必然であり、幸運、運命あるいは偶然はない。良い結果を得るためには自分の心を正しくコントロールする努力が必要だ。

　今回の「肥満」の問題で言えば、「自制心がある人ほど、良い結果を得る（太らない）」と言えます。図式化しておきましょう。

「自制心」→「肥満」

● **資料7　社会疫学**

　この文章は「社会疫学」という観点から「健康状態の原因」を考察するものになっています。まずは要旨を確認しましょう。

資料7の要旨

　社会疫学とは人間の健康状態を考える際に生物学的メカニズムに加えて、心理社会学的な視点が不可欠であるとするものである。社会環境や労働環境、あるいは物質的環境からなる社会構造が健康に影響を及ぼすというものである。また、相互信頼の水準や相互利益、相互扶助に関する考え方である社会関係資本も健康状態に影響を与える可能性がある。さらに、社会疫学では社会構造が人の生涯の期間を通じて蓄積的に作用する影響が、人の健康を決定する要因であるというライフコースの視点も重要視している。

次は「肥満」の原因を分析する際に役に立つ視点がないかを探しましょう。すると第6段落に次のようなことが書かれています。

本文 6

　たとえば、心疾患を引き起こすモデルとして職場での長時間労働（A）により運動不足になり（B）、それによって肥満になった（C）というケースを考えた場合、リスクは連鎖しながらも A、B、C のどれもが心疾患を引き起こすリスクとなっている。

この文から、「肥満」の原因は

A ＝職場での長時間労働
↓
B ＝運動不足
↓
C ＝肥満

だとわかります。

　ただし、これは「心疾患」の例として扱われている点に注意しましょう。今問題にしているのは「糖尿病」です。すると A や B は直接糖尿病の原因にはなりませんから、モデル（c）ではなくモデル（d）として考えるべきでしょう。図式化してみます。

「長時間労働」→「運動不足」→「肥満」
　　　　　　⊕　　　　　　　　⊕

　あとは「平均年収」の要因を考えるとよいですが、ヒントは資料にあります。資料5によると、「幼少期に待てる子ほど、学力が高い」ことがわかります。「学力が高いと、年収も高くなる傾向がある」ことがわかれば、「自制心」が「平均年収」の原因だとわかるでしょう。これも図式化してみます。

「自制心」→「学力」→「平均年収」
　　　　⊕　　　　　⊕

ということは、「平均年収」と「糖尿病死亡率」の間に因果関係はなく、両方に関係する要因として「自制心」があることがわかります。ここが本問の最大のポイントです。

ステップ3 **解答を書く**

　あとは資料1〜4のなかから「平均年収」「糖尿病」に関わる記述を探しましょう。資料2のなかに、以下の記述があります。

本文3

次に、原因と結果の間に時間的乖離がある場合も少なくありません。糖尿病にかかったという結果の原因の一つとして、カロリーの過剰摂取がありますが、糖尿病であるという結果は一時点で確定できても、原因の方は長い間の食生活の積み重ねにあります（時間的近接性がない）。しかも、長い間カロリーを過剰摂取していても、糖尿病にならない人もいます（恒常的連結性がない）。ですから、（どんな人に対しても）カロリーの過剰摂取は糖尿病の原因であるかどうか（特定病因論）という問題ではなく、カロリーの過剰摂取は糖尿病のリスクを高めるか（確率的病因論）という集団の問題に転換して、因果関係を考えざるを得ません。また、糖尿病の原因としては、食生活のほかにも遺伝的要因等もあるはずです。

　ここに「糖尿病」の原因として「カロリーの過剰摂取」という「食習慣の乱れ」が挙げられています。その他の要因として「遺伝的要因」が挙げられています。

　ただし、資料4の扱いは気をつけましょう。資料4では「肥満が原因で出世できない」とありますが、これは誤りです。「自制心がない」ことが原因で「出世」できず、「肥満」になるのです。

　また、「親の所得」「裕福な家庭」は昔の「高身長」の原因ではありますが、「肥満」の原因にはなりません。庶民階級が食べるのに困るほど貧しかった時代は過去のものとあります。ですから、原因に「親の所得」を入れてはいけません。

　以上をまとめて解答を作りましょう。問3は、問2の図式を文章化する問題です。問2ができていればあとは文章の書き方に気をつけるだけで解答できます。

問2

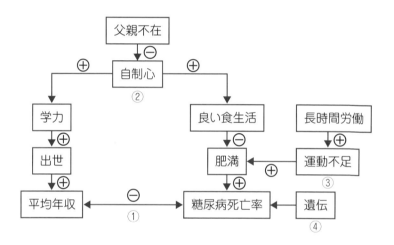

解答ポイント

① 平均年収と糖尿病死亡率には相関関係はあるが因果関係はない。

② 平均年収と糖尿病死亡率には自制心という共通の要因がある。

③ 肥満には運動不足という他の要因もある。

④ 糖尿病死亡率には遺伝という他の要因もある。

問3

糖尿病の死亡率と平均年収には平均年収が上がると糖尿病の死亡率が下がるという弱い負の相関がある。しかし、平均年収と糖尿病の死亡率には直接の因果関係はない。自制心が潜在原因となって平均年収が上がり、また糖尿病死亡率が下がるのである。

幼少期に父親のような約束を守る男性のいる家庭で育った者は、我慢した分だけあとで報酬がもらえるということを信じることができるため自制心が身につく。自制心のある者は、暴飲暴食をしないような良い食習慣を身につけることができる。すると糖尿病の原因である肥満になりにくい。

また、自制心のある者は青年期の欲求を抑えて、のちに報酬が得られることを信じて勉強する。すると大学進学適性試験のスコアが高く良い大学に行ける。良い大学を卒業する者は出世しやすい。すると平均年収が高くなるのである。

ただし、肥満には長時間労働による運動不足が原因で肥満になりやすくなるという物理的な要因もある。また、糖尿病には遺伝的要因など他の要因もある。したがって、平均年収と糖尿病死亡率の関係は「弱い」負の相関関係になるのである。

解答ポイント

① 平均年収と糖尿病死亡率には相関関係はあるが因果関係はありません。
② 平均年収と糖尿病死亡率には自制心という共通の要因があります。
③ 肥満には運動不足という他の要因もあります。
④ 糖尿病死亡率には遺伝などという他の要因もあります。

問2

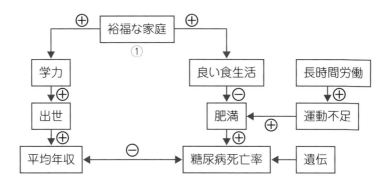

減点ポイント

① 「裕福な家庭」「親の所得」は「高身長」の原因として挙げられており、「肥満になりにくい」原因ではないため誤り。

問3

　糖尿病の死亡率と平均年収には平均年収が上がると糖尿病の死亡率が下がるという弱い負の相関がある。しかし、平均年収と糖尿病の死亡率には直接の因果関係はない。親の所得が高い裕福な家庭で育つことにより平均年収が上がり、また、糖尿病死亡率が下がるのである。

　親の所得が高い裕福な家庭で育った者は、良質な栄養のある食事をとることができる。すると糖尿病の原因である肥満になりにくい。

　また、親の所得が高い裕福な家庭で育った者は教育費をかけることができるため質の良い勉強をする。すると大学進学適性試験のスコアが高く良い大学に行ける。良い大学を卒業する者は出世しやすい。すると平均年収が高くなるのである。

　ただし、肥満には長時間労働による運動不足が原因で肥満になりやすくなるという物理的な要因もある。また、糖尿病には遺伝的要因など他の要因もある。したがって、平均年収と糖尿病死亡率の関係は「弱い」負の相関関係になるのである。

減点ポイント

①②③真の原因が「自制心」ではなく「親の所得」となっています。

複数資料の問題は資料のなかに「解答の根拠」があります。正確な資料の分析を心がけるようにしましょう。

| Point | 「複数資料」の分析 |

　設問文で問われていることを探しながら解答のポイントをチェックする。

　「複数資料」の問題を読むのが大変ですが、逆にいうと着想はそこまで必要ありません。一つ一つの資料を丁寧に読み込み、資料の関係性を捉えることができれば十分合格答案が書けます。

「現実の問題」の考え方

今回は現実の問題をやっていきましょう。総合政策学部や環境情報学部では、過去に実際に起こった問題の解決策を求められる場合があります。この問題では、現実の問題に関する関心や知識が問われると同時に、「問題解決」の思考ができるかどうかがポイントとです。

今回の問題は「テーマ型」や「アイディア型」と呼ばれる問題で、文章や資料の読解がありません。では特別な書き方が必要かと言われたら、そうではありません。あくまでも今までトレーニングしてきた「議論」や「問題解決」の書き方をすればよいのです。

> **Point** 「テーマ型」「アイディア型」の問題
> 知識を利用して、「議論」「問題解決」の形で書く

ある意味でこの問題を解くために今までの「議論」や「問題解決」のトレーニングがあったのです。

今までの講座で「議論」「問題解決」の知識が身についたみなさんは、現実の問題をどう解決するのでしょうか。僕が最も楽しみな瞬間がやってきました。

それでは、実際の「慶應小論文」の問題をやっていきましょう！

　慶應義塾大学環境情報学部では併設される総合政策学部と共に、創設時より、社会の発展とともに複雑化する様々な問題に対応し、より良い社会を実現する「問題発見解決型人材の育成」を目標として掲げ、教育研究活動を行ってきました。社会が直面する重大な問題にはあらかじめ定義された正解が存在しない場面が多くあります。それどころか何が問題かも定義されておらず、その問題を自ら発見、定義し、それを解決していくことが求められます。

　また、学生が既成概念にとらわれずに教職員とともに未来を創造する両学部の学生像を表現するキャッチフレーズとして「未来からの留学生」を掲げてきました。環境情報学部の入学生に対してはこの「未来からの留学生」としての資質が期待されています。

　以上をふまえ、以下の問いに答えてください。

問

　【注意】以下の記述は出題上の架空の設定です。大学および学部による実際の取り組みとなるとは限りません。202X 年は解答者の入学年を想定してください。

　環境情報学部では今年度より「未来からの留学生派遣制度」の導入を検討しています。「未来からの留学生派遣制度」では今年度入学生の一部を 2 年前の 2020 年 4 月入学生として過去の時空間に派遣し x 年間を過ごしていただきます。対象者は 202x 年 4 月 1 日時点の記憶を持った状態で 2020 年 4 月 1 日に向かいます。そこで皆さんが経験する出来事は皆さんの働きかけによって変化しうる（皆さんが知っている歴史を変えることができる）ものとします。なお過去に持ち物を持っていくことはできません。また、この x 年の間にさらに過去や未来に移動することはできません。

　環境情報学部ではこのような特別な機会を最大限有意義に活用し、よりよい世界を実現する意欲と力のある人に入学してもらいたいと考えています。特に他の人と異なる視点や創造的なアイデアなどを高く評価します。

以上を前提として以下の問に答える形で活動計画を記述してください。なお時間移動に伴い発生する矛盾点（タイムパラドックス）等については各自で考えた設定を用いてください。

問1　入学後この「未来からの留学生派遣制度」にあなたが参加し2020年4月に行くことができた場合に、この機会を活かして解決したい、あるいは解決できると考える問題について、分かりやすく印象的な名称を考えて記述してください。

問2　問1で記述した問題の解決について、過去に移動できる「未来からの留学生派遣制度」という特別な機会を通じて取り組むことの意義を200文字以内で記述してください。

問3　問1で記述した問題を解決する方法の具体的なアイデアを記述してください。必要に応じて図や絵を用いてもかまいません。柔軟な発想や奇抜なアイデアを歓迎します。

問4　その問題解決の実現に向けx年間にどのような活動を行うのか具体的な手順を記述してください。図や絵を使用してもかまいません。創造性豊かな構想を期待します。

環境情報学部（改）・2022年

設問解説

問1

　まず2020年と聞いて多くの人が想定する社会問題は「コロナ禍」でしょう。「新型コロナウィルス感染症」による問題は、医療、経済、公共、教育、などさまざまな分野へと波及していきました。まずは、どの分野の問題を解決するかを決めなければいけないので、思いつく限り列挙していきましょう。もちろん「コロナ禍」以外の問題でも構いません。

問題点
- ・ワクチン開発
- ・院内感染
- ・ロックダウン、緊急事態宣言
- ・外食産業の停滞
- ・観光産業の停滞
- ・興行の減収
- ・教育

　受験生のみなさんにとっては「教育」が最も身近で、知識もあると思います。ほかに何も思いつかない場合は「教育」に関して書くとよいでしょう。

　また、SFCでは特にIT分野で「起業」を目指す人がとても多いです。すでにやりたい「起業」のアイディアがある人はそのアイディアについて書くとよいでしょう。もちろん「コロナ禍」とは関係ないアイディアでも大丈夫です。自分が最も関心のあるものについて書くことがポイントです。

　2021年は「東京オリンピック」というビッグイベントがありました。僕はサッカーなどのスポーツイベントや音楽イベントが好きなので、「コロナ禍における各種イベントの観客動員」という問題について考えていきます。

解答例

　「コロナ禍における各種イベントの観客動員について」

問2

　過去に移動できる「未来からの留学生派遣制度」という特別な機会を通じて取り組むことの意義について考えていきます。

　この機会に限らず、みなさんには今後あらゆるチャンスが舞い降りてくる可能性があります。もちろん偶然のチャンスもありますが、多くの場合「誰か」がみなさんにチャンスを与えてくれるのです。今回は SFC の出題者がチャンスを与えてくれるのだと考えてください。

　そのときに重要なことは、「自分がどの程度そのチャレンジにコミットできるのか」という点と、「そのチャレンジはどの程度社会の役に立つのか」という点です。

　出題者（現実の場合には出資者）はみなさんが人生（少なくとも在学期間、留学期間）を賭けるに値する問題意識をもっているかを見ています。ですから、「自分がどの程度そのチャレンジにコミットできるのか」という点をアピールする必要があります。このときは「自分はこれがしたい」という「エゴ」を前面に出すとよいでしょう。近年は「利他の精神」が強調されることが多く、「自利（エゴ）」が悪いもののように言われることがあります。しかし、「エゴ」とは「人生を賭けて体現したい自分の理想」のことです。その「エゴ」がないことには大事業を成し遂げることはできません。

　しかし、それだけではいけません。「エゴ」が他者に害をもたらす場合には、社会の側がその「エゴ」を排除しようという力を働かせます。ですから、みなさんにとっての「理想」が、社会の人々にとっても「理想」であるということもアピールする必要があります。ですから、「そのチャレンジはどの程度社会の役に立つのか」という点が見られるのです。

Point	出題者へのアピール

① 「自分がどの程度そのチャレンジにコミットできるのか」という点
② 「そのチャレンジはどの程度社会の役に立つのか」という点

の2点をアピールする。

① 「自分がどの程度そのチャレンジにコミットできるのか」

「やりたい」というだけなら簡単ですが、他者に自分が人生（あるいは学生生活）を賭けて「やりたい」と思っているとわかってもらうのはなかなか難しいことです。

他者に納得してもらうために、自分がどの程度今回解決したい問題について関心があるかをアピールしましょう。最もよく使われる方法は「自分の過去」について語ることです。

「コロナ禍における各種イベントの観客動員について」

この問題について考える際には自分の過去の経歴として「学生時代にスポーツや演劇や芸術に全力で取り組んできた」ということがあるとよいでしょう。ちなみに、僕は高校時代は音楽活動をしており、大学時代を音楽に捧げるつもりで進学しました。

> **Point** 出題者（出資者）へのアピール
>
> ① 「自分がどの程度そのチャレンジにコミットできるのか」という点
>
> 「自分の過去の経歴」を紹介してアピールする

② 「そのチャレンジはどの程度社会の役に立つのか」

こちらはより客観的な指標が重要になります。最もよく使われるのは定量的な「数値」です。というのも、他者や社会のメリットは定性的な観点からは測りにくいからです。現状どのような「数値」が悪化しているのか、自分の取り組みにより、どのように「数値」が改善されるのかについて説明するとよいでしょう。

「コロナ禍における各種イベントの観客動員について」

この問題について考える際には、「コロナ禍」の経済的損失を示すことができるとよいでしょう。ただし、現実には行われなかった興行の経済的損失を

示す証拠はありません。このような架空の数値について語るときには「フェルミ推定」を用います。

Point 「そのチャレンジはどの程度社会の役に立つのか」

「数値」を使って説明する

架空の数値について説明する場合は「フェルミ推定」を使う

フェルミ推定の基本式
　単位量あたりの大きさ×単位数＝総量

　例えば、日本において１年間でイベントなどの収益がいくらあるのかを考えてみましょう。
　日本の人口は約１億2000万人です。そのうち日常的にイベントに参加するのは10代〜50代だと考えられるので、人口の60％が日常的にイベントに参加すると考えます。イベントのチケットはさまざまな入場料や席料がありますが、平均するとおよそ3000円くらいだと仮定しましょう。また、よくイベントに参加する人は月に１回ほど参加するだろうと考えて、一人あたり年間12回イベントに参加すると考えます。すると、年間のイベントの売上が見えてきます。

　120000000（人口）×0.6（割合）×3000（単価）×12（回数）＝2592000000000（総売上）

　イベントの不開催や無観客実施によっておよそ２兆5920億円の経済的損失があると考えられます。この経済的損失をなくすだけで、かなり多くの人が救われることが想定されます。
　フェルミ推定のポイントはあくまで概算でおよその数字を出すことにあります。ですから、正確な数値でなくともよいということは覚えておきましょう。

解答例

　コロナ禍における各種イベントの観客動員について、過去に移動できる「未来からの留学生派遣制度」という特別な機会を通じて取り組むことの意義は、多くの人の生活を救うということである。私自身、高校時代から音楽イベントをライフワークとしてきた。各種イベントの不開催や無観客実施をなくすだけで、推定約2.5兆円ほどの収入を見込める。また、イベント参加により多くの人々が精神的な健康を手に入れることもできる。

いよいよ解決策について述べます。まず、問題解決の基本である「原因分析」「解決策」の順番で考えていきましょう。

ステップ**1** 原因分析をする

コロナ禍で各種イベントが不開催になったり、無観客実施になったりした「原因」は、人々が集まることによって感染が拡大することが懸念されたからです。そして、なぜ感染拡大が問題であったかというと、重症化した患者が大勢入院して病床不足に陥ったり、死亡してしまう人が出たりすると考えられていたからです。

ステップ**2** 解決策を考える

であれば、どの程度の症状なら入院しなくてもよいのかという基準とどのような人々の死亡率が高かったのかを示すことができれば、イベントを実施できるはずです。

まず重症化したり、死亡したりする可能性が高いのは「高齢者」であることがこのデータからわかります。

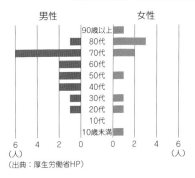

性別・年代別重症者数
情報更新日（週次）：2023年04月25日

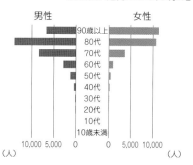

性別・年代別死亡者数（累積）
情報更新日（週次）：2023年04月25日

（出典：厚生労働省HP）

つまり、イベントに参加する可能性が高い10代〜50代ではほとんど死亡

リスクがありません。

　また、ワクチンを接種している人の重症化率は低く、重症化しなければ入院する必要はなく自宅またはホテルで療養すればよいので、病床利用率にもあまり影響はありません。ですから、ワクチン接種を前提にしてイベント参加を可能にすればよいのです。

　今回はすでにワクチンが完成している202X年から2020年に留学するということなので、ワクチンの作り方を覚えて2020年に戻り大学の医学部薬学部と共同でワクチン開発を進めます。そうすることで、早くワクチンが完成し、2021年1月にはワクチン接種を開始することができます。

解答例

　「コロナ禍における各種イベントの観客動員」という問題の解決策は、コロナワクチンの早期完成と重症化および死亡する可能性が高い人の特定である。イベントの不開催や無観客実施という判断に至る原因は、重症化による病床不足と死亡が懸念されるからである。

　であれば、ワクチンの製造方法とワクチン接種によって重症化率が低下することを示せばよい。2023年の段階ではワクチンの製造方法は明らかになっているので、その作り方を覚えて2020年に戻りワクチンの製造方法を大学に伝えることでワクチンの早期完成を目指す。また、2023年の段階でワクチンパスポートを持った者を観客として動員し、マスク着用のうえで声なし応援を実施した場合、ほとんど重症化する患者は現れなかった。

　さらに、2023年には死亡する可能性が高いのは基礎疾患をもつ高齢者であることを示すデータもある。死亡者はイベントに参加することが少ない60歳以上が大多数を占めているのである。

　したがって、60歳までで基礎疾患がなくワクチンを接種した者に限って、イベントに参加できるようにするという解決策を実施する。

問4

　ここは解答で具体的な活動内容を示します。

　ポイントはいかにして「未来から来た留学生」であることを多くの人に知ってもらい、信用してもらえるようになるかです。「未来から来た留学生」であることを示せなければ、ただのおかしなことを言う人になってしまいます。そこで未来がわかっているからこそできることをすることで、信用してもらえるように動きましょう。

「コロナ禍における各種イベントの観客動員」を目指した具体的な活動内容を説明する。①「ワクチンを製造する」②「ＩＴ関連の株を購入する」③「メディアやＳＮＳで予言を的中させる」④「政府の相談役になる」という順番で活動する。

　①「ワクチンを製造する」2020年4月〜12月

　「未来からの留学生派遣制度」は慶應義塾大学環境情報学部のものなので、慶應義塾大学のものならばわかる留学証明書を発行してもらう。そして、その証明書を慶應義塾大学の医学部薬学部に示して、彼らにワクチンの製造方法を伝え、製造を進める。2020年の4月から製造を始めれば、2021年の1月には7000万人分のワクチンは作れるだろう。

　②「ＩＴ関連の株を購入する」2020年4月〜2021年3月

　ＳＮＳやYouTubeで活動することになるので、そのための活動資金が必要になる。コロナ禍ではZoomなどＩＴ関連の株価が上昇することがわかっているから、ＩＴ関連の株を購入する。高値になったところで売却し、売却益を得る。

　③「メディアやＳＮＳで予言を的中させる」2020年7月〜2021年3月

　株で得た活動資金をもとにしてメディア活

解答ポイント

　序論　第1段落

　時系列に沿って、活動内容の概要を説明します。

　本論　第2段落〜第5段落

　時系列に沿って、活動内容の詳細をそれぞれの段落で説明します。

　結論　第6段落

　活動内容をまとめます。

動を始める。活動資金を使い各種ＳＮＳのインフルエンサーとコラボして「未来から来た留学生」であることを宣言する。そして、コロナ禍で実際に起こる出来事を次々と的中させていくことで、「未来から来た留学生」であることを信じてもらい知名度とメディアでの発言権を得ていく。そして、テレビなどのメディアに毎日のように出演する。

　④「政府の相談役になる」2021年４月〜2023年３月

　「未来から来た留学生」であることが一般に信用してもらえる段階になったら、政府の政策決定の相談役になることも可能になる。そこで問３の解決策を説明したうえで、「各種イベントの観客動員」について提言する。

　以上のように①「ワクチンを製造する」②「ＩＴ関連の株を購入する」③「メディアやＳＮＳで予言を的中させる」④「政府の相談役になる」という順番で活動することで、2021年〜各種イベントで観客動員を可能にし、収益化及び人々の精神的健康の増進を図る。

おわりに

　慶應の小論文合格講座はこれでおしまいです。どうでしたか？　今までは「小論文って何を勉強すればよいのかわからない」と思っていた人も、慶應小論文の神髄が見えてきたのではないでしょうか。慶應小論文の神髄とは「議論」と「問題解決」です。その二つは大学に入ってからも社会人になってからも必須の技術ですから、そのような技術の才能がある人を慶應は欲しているのです。

　本書「慶應の小論文合格講座」では真っ向から小論文と向き合いました。福澤諭吉が理念とした「独立自尊」「実学（サイヤンス）」を体現した本になったと自負しています。

　福澤諭吉が大学のなかで重視した科目は「論理（ロジック）」です。これも誤解を招くものです。「論理」とは単なる筋道ではありません。たいして勉強しなくても読書をしていれば身につくといった類いのものでもありません。「論理」はきちんと基礎知識を学んだうえで技法のトレーニングをしていかなければ身につかない力なのです。

　ただし、日本の教育事情は「論理」に関しては少々複雑です。というのも「論理」を最初に習うのは高校数学においてです。そして、大学では多くの場合、文学部哲学科と理学部数学科において専門的に習います。最終的な大学院では、文学研究科の哲学科で修了します。つまり、「論理」とは理系から入るのだけれど、出るときは文系になるという複雑な科目なのです。ですから、なかなかトレーニングをする機会がなかったという人も多いと思います。

　しかし、これほど重要な科目はないと確信しています。本書で論理の基礎を学んでいただいて、大学では本格的に「論理」の勉強をしていただきたいと思っています。「命題」「論証」「因果関係」などは是非大学に入ってからも勉強を続けてほしいですね。

　最後に、みなさんの合格を心よりお祈りしております。

柳生好之

柳生　好之（やぎゅう　よしゆき）

　早稲田大学第一文学部総合人文学科日本文学専修卒。「スタディサプリ」現代文講師。難関大受験専門塾「現論会」代表。「文法」「論理」という客観的ルールに従った読解法を提唱し、誰でも最短で現代文・小論文ができるようになる授業を行う。座右の銘は「言語で世界を変える」であり、授業や出版によって受験生たちの世界を変える手解きをすることに喜びを覚えている。主な著書に『大学入試 柳生好之の小論文プラチナルール』『大学入試　柳生好之の　現代文のストラクチャー　記述式問題徹底分析』『大学入試問題集　柳生好之の現代文ポラリス』シリーズ（以上、KADOKAWA）、『ゼロから覚醒 はじめよう現代文』（かんき出版）などがある。

改訂版　世界一わかりやすい　慶應の小論文　合格講座
人気大学過去問シリーズ

2023年12月11日　初版発行
2024年 9月10日　再版発行

著者／柳生 好之

発行者／山下 直久

発行／株式会社KADOKAWA
〒102-8177　東京都千代田区富士見2-13-3
電話 0570-002-301（ナビダイヤル）

印刷所／株式会社加藤文明社印刷所
製本所／株式会社加藤文明社印刷所

©Yoshiyuki Yagyu 2023　Printed in Japan
ISBN 978-4-04-606166-9　C7081